Kunsten at leve

Vipassana meditation

som undervist i af S. N. Goenka

William Hart

Vipassana Research Publications

Vipassana Research Publications
En udgivelse af
Pariyatti Publishing
www.pariyatti.org

Første danske udgave 2021

Forfatteren takker for tilladelse til at bruge uddrag af Pure Mind: Exploring the Path of Enlightenment, et interview med S. N. Goenka af Steve Minkin, copyright: East West Journal, 1982, gentrykt med tilladelse fra forlæggeren.

Første oplag udgivet i USA af Harper & Row, 1987. Originalens titel: The Art of Living. Vipassana Meditation as taught by S. N. Goenka.

ISBN: 978-1-68172-428-7 (Print)
ISBN: 978-1-68172-430-0 (PDF)
ISBN: 978-1-68172-429-4 (ePub)
ISBN: 978-1-68172-431-7 (Mobi)
LCCN: 2021950156

Oversættelse til dansk: Jeppe Strandskov og Signe Sengar (2021)

Jeg vil ikke omvende folk fra én religion til en anden;
jeg har ingen forkærlighed for hverken den ene eller den anden religion.
Jeg er bare interesseret i sandheden; i alle de oplyste menneskers lære.
Dette indebærer en anden form for omvendelse:
omvendelse fra lidelse til lykke, fra fangenskab til befrielse,
fra uvidenhed til oplysning.

S. N. Goenka

INDHOLD

Forord

Jeg er evigt taknemmelig for den forandring som Vipassana meditation har bragt i mit liv. Da jeg først lærte denne meditationsteknik, føltes det som om at jeg havde vandret rundt i en labyrint af blindgyder, og at jeg nu endelig havde fundet kongevejen. Siden da er jeg fortsat med at gå på denne vej, og for hvert skridt er målet blevet tydeligere: befrielse fra alt lidelse, fuld oplysning. Jeg kan ikke sige at jeg har nået det endelige mål, men jeg er sikker på at jeg har fundet vejen som leder dertil uden omveje.

Jeg vil altid stå i taknemmelighedsgæld til min lærer Sayagyi U Ba Khin, som viste mig denne vej, og til den ubrudte række af lærere som holdt teknikken i live gennem årtusinder siden Buddhas tid. På deres vegne opfordrer jeg andre at følge samme vej, så de kan blive fri fra lidelse.

Selvom tusindvis af vesterlændinge har lært Vipassana, har der indtil nu ikke været en bog som giver en nøjagtig beskrivelse af teknikken. Det glæder mig at en seriøs mediterende endelig har sørget for at dette tomrum blev udfyldt. Må denne bog hjælpe dem som allerede praktiserer Vipassana til at forstå metoden dybere, og må den opmuntre andre til at prøve denne teknik, så de også kan opleve befrielsens lykke. Må alle bogens læsere lære kunsten at leve, så de kan finde indre fred og harmoni, og skabe fred og harmoni for andre.

Må alle væsner være lykkelige!

S. N. Goenka,
Bombay, april 1986

Indledning

Der undervises i dag i mange forskellige former for meditation. Men den Vipassana-metode som S.N. Goenka underviser i, er unik. Teknikken er en enkel og logisk vej til at finde ægte indre fred, og leve et lykkeligt og nyttigt liv. Og selvom Vipassana i lang tid blev bevaret i det buddhistiske Myanmar, er teknikken fri fra sekterisme og kan accepteres og anvendes af folk fra en hvilken som helst baggrund.

S. N. Goenka er en pensioneret erhvervsleder og forhenværende leder for den indiske minoritet i Myanmar. Han voksede op i en konservativ hindufamilie, og led allerede som ung af alvorlig migræne. I forbindelse med sin søgen efter helbredelse, mødte han i 1955 Sayagyi U Ba Khin, der i det offentlige rum besad en stilling som højtstående embedsmand, samtidig med at han i privat regi var meditationslærer. S. N. Goenka lærte Vipassana af ham og fandt en metode som rakte langt ud over kultur, religion og lindring af sygdomssymptomer. I de efterfølgende år studerede og praktiserede S. N. Goenka Vipassana under sin lærers vejledning, og oplevede at det gradvist forandrede hans liv.

I 1969 blev S.N. Goenka autoriseret til at undervise i Vipassana af Sayagyi U Ba Khin. Samme år flyttede han til Indien, og begyndte at undervise i Vipassana dér. Han genintroducerede således teknikken til det land som den oprindeligt kom fra. I Indien - et land som stadig er splittet af kaster og religioner - har S. N. Goenkas kurser tiltrukket tusindvis af mennesker fra alle baggrunde. Det samme gør sig gældende i Vesten hvor tusindvis af folk har følt sig tiltrukket af teknikkens praktiske natur og deltaget i kurser.

S. N. Goenka er selv et eksempel på det der kendetegner Vipassana: Han er pragmatisk og handlekraftig, og i enhver situation bevarer han en usædvanlig indre ro. Sammen med denne ro er der en dyb empati, en stor evne til at have medfølelse for ethvert menneske. Der er imidlertid intet højtideligt over ham. Han har en deltagende humoristisk sans som ofte kommer til udtryk i hans undervisning. Kursusdeltagerne husker hans smil, hans grin og hans ofte gentagne, "Be happy!" Det er tydeligt at Vipassana har gjort ham lykkelig, og at han gerne vil dele sin lykke med andre ved at undervise i den teknik som har fungeret så godt for ham selv.

Selvom S. N. Goenka er meget karismatisk, har han intet ønske om at blive betragtet som en guru. Han lærer eleverne at tage ansvar for sig selv, og siger at den virkelige test for ens Vipassana-praksis er det daglige liv. Derfor opfordrer han de mediterende til at gå ud i verden og leve lykkeligt, frem for at søge hans nærvær. Han styrer uden om alle former for hengivenhed for hans egen person, og opfordrer i stedet sine elever til at være hengivne over for teknikken og for den sandhed de oplever inde i sig selv.

I Myanmar har undervisning i meditation traditionelt set været forbeholdt buddhistiske munke, men S. N. Goenka er, ligesom sin lærer, lægmand med en stor familie. Ikke desto mindre værdsættes klarheden i hans undervisning og teknikkens effektivitet af højtstående munke i Myanmar, Indien og Sri Lanka, hvoraf flere har taget kurser under hans vejledning.

S. N. Goenka insisterer på at meditationens renhed kun kan bevares hvis den er fri fra kommercielle interesser. Kurser og meditationscentre under hans vejledning drives derfor helt frivilligt. Han får ingen betaling for sit arbejde, hverken direkte eller indirekte, og det får de assistent-lærere, som repræsenterer ham og holder kurser i hans sted, heller ikke. Det er udelukkende for at tjene menneskeheden, for at hjælpe dem der har brug for hjælp, at han spreder Vipassana.

S. N. Goenka er en af de få indiske spirituelle lærere som er lige så højt respekteret i Indien som i Vesten. Han har dog aldrig gjort noget for at få offentlig omtale – han stoler blot på at interessen for Vipassana spreder sig fra mund til mund. Og så har han altid fremhævet vigtigheden i rent faktisk at praktisere meditationen, frem for at skrive om den. Af disse årsager er han mindre kendt end hvad han fortjener at være. Denne bog er den første udførlige bog om hans undervisning som er blevet til under hans vejledning og med hans godkendelse.

Indholdet i bogen er først og fremmest hentet fra de foredrag som S. N. Goenka giver under sine 10-dages Vipassana-kurser, og i mindre grad fra de artikler han har skrevet på engelsk. Jeg har frit brugt dette materiale og overtaget ikke bare ræsonnementer og strukturer, men også eksempler fra foredragene, ofte ordret og hele sætninger. For dem som har deltaget i et Vipassana-kursus under hans vejledning, vil meget i denne bog være velkendt, og de vil måske endda kunne huske hvilket foredrag eller hvilken artikel det pågældende stykke er hentet fra.

På et kursus følger lærerens forklaringer deltagernes trinvise erfaringer med meditationen. I denne bog er materialet dog blevet omstruktureret med henblik på et andet publikum: dem der læser om meditationen, men måske ikke har praktiseret den. Jeg har forsøgt at fremstille læren som den faktisk opleves: i en logisk, fremadskridende rækkefølge, fra det første skridt til det endelige mål. Denne sammenhæng er lettere at se for en der mediterer, men bogen forsøger at give den ikke-mediterende et glimt af læren som den udfolder sig for en der praktiserer den.

I visse afsnit er talesproget bevidst bevaret for at formidle S. N. Goenkas levende måde at undervise på. Dette gælder både de historier som er imellem kapitlerne samt de spørgsmål og svar som afslutter hvert kapitel. Disse dialoger kommer fra virkelige samtaler under kurserne eller fra private samtaler. Nogle af historierne beskriver hændelser fra Buddhas liv, mens andre er hentet fra Indiens rige arv af folkesagn eller fra S. N. Goenkas eget liv. Alt fortælles med hans egne ord – ikke med en intention om at forbedre de oprindelige versioner, men for at gøre fortællingerne levende, og vise hvordan de kan anvendes i meditationen. Historierne letter den seriøse atmosfære der er på kurserne, og inspirerer ved at belyse centrale pointer fra læren i en form der er let af huske. Det er kun et lille antal af de historier som fortælles under et 10-dages kursus der er taget med her.

De citater som gengives her er hentet fra den ældste og mest bredt accepterede samling af Buddhas lære, *Sutta Piṭaka*, som er blevet bevaret på sproget pāli i de lande der følger Theravādabuddhismen. For at bevare et ensartet tonefald i hele bogen, har jeg forsøgt at genoversætte de vers der citeres her. Dette har jeg gjort ud fra retningslinjer fra førende moderne oversættere. Men eftersom at dette ikke er et akademisk arbejde, har jeg ikke stræbt efter en eksakt, ordret oversættelse fra pāli. I stedet har jeg forsøgt at formidle indholdet i hvert afsnit i et enkelt sprog, på en måde så det afspejler en Vipassana-mediterendes oplevelse. Måske virker visse ord eller afsnit i min gengivelse uortodokse, men jeg håber at indhold og ånd følger de originale tekster.

For at opnå overensstemmelse og præcision er buddhistiske termer i teksten gengivet på pāli på trods af at disse termer måske er mere kendte på sanskrit. For eksempel bruges pāli-ordet **dhamma** i stedet for sanskrit-ordet dharma, **kamma** i stedet for karma, **nibbāna** i stedet for niṛvana og **saṇkhāra** i stedet for saṃskāra. For det meste bruges så få pāli-ord som muligt for at undgå at gøre teksten unødvendigt utilgængelig. Men disse ord udtrykker ofte begreber som er mere eller mindre ukendte i vesterlandsk tankegang, og som ikke kan udtrykkes med et enkelt ord på vores sprog. Derfor har jeg nogle gange foretrukket at bruge et ord på pāli i stedet for en længere engelsk sætning. Alle de udtryk på pāli som bliver angivet i fed skrift, er defineret i en ordliste sidst i bogen.

Vipassana-teknikken giver alle som praktiserer den lige stort udbytte, uanset deres oprindelse, klasse eller køn. For at være tro mod denne almengyldighed har jeg stræbt efter et kønsneutralt sprog. I visse tilfælde har jeg dog anvendt "han" for at sigte mod en mediterende i al almindelighed, uanset køn. Jeg beder læseren om at opfatte dette som kønsneutralt. Der er ingen intention om at udelukke kvinder eller fremhæve mænd, eftersom at en sådan opfattelse strider mod den grundlæggende ånd i Vipassana.

Jeg er taknemmelig over for alle der har hjulpet mig med dette projekt. Jeg vil især udtrykke min dybe taknemmelighed til S. N. Goenka, for at han trods sit tætpakkede skema, tog sig tid til at hjælpe med dette projekt og endnu mere for at have vejledt mig i mine første skridt på den vej som her beskrives. I en dybere forstand er S. N. Goenka den egentlige forfatter til denne bog, eftersom min hensigt er at præsentere Buddhas lære som den formidles af ham. Bogen er hans fortjeneste. De fejl der måtte være, er mine.

Introduktion

Lad os sige at du fik mulighed for at lægge alle hverdagens forpligtelser til side i ti dage og rejse til et stille, isoleret sted som var afskærmet for alle forstyrrelser. På dette sted ville der være sørget for de basale fysiske behov som kost og logi, og der var frivillige hjælpere der sørgede for at du havde det rimelig bekvemt. Til gengæld blev det forventet af dig at du undgik kontakt med andre og at du, bortset fra nødvendige gøremål, tilbragte alle dine vågne timer med lukkede øjne og med sindet fokuseret på et givet objekt. Ville du acceptere tilbuddet?

Lad os sige at du havde hørt at en sådan mulighed eksisterede, og at folk som dig selv ikke bare var villige, men ligefrem ivrige, efter at bruge deres fritid på denne måde. Hvordan ville du så beskrive det de foretog sig? Som navlebeskuelse måske, eller fordybelse; flugt eller spirituel retræte; selvberuselse eller selvransagelse; indelukkethed eller selviagttagelse? Uanset om associationen er negativ eller positiv, så er den almindelige opfattelse af meditation at det er en tilbagetrækning fra verden. Det er der selvfølgelig også teknikker der lægger vægt på. Men meditation behøver ikke at være en flugt. Det kan også være en måde at møde verden på, for at forstå både den og sig selv.

Som mennesker har vi lært at den virkelige verden ligger uden for os selv. Vores forståelse af livet er at det skal leves gennem de indtryk, både fysiske og mentale, som vi får udefra. De fleste af os har aldrig overvejet at afskære os fra ydre kontakt for at se hvad der sker indvendigt. Den idé lyder nok lidt ligesom at skulle tilbringe timevis med at sidde og stirre ind i et TV-testbillede. Det tiltaler os mere at opdage den anden side af månen eller bunden af havet, end at finde de skjulte dybder inde i os selv.

Men reelt set kan vi ikke opleve universet på andre måder end gennem vores egen krop og eget sind – det er kun på den måde at det eksisterer for os. Det eksisterer aldrig et andet sted, men altid lige her og nu. Ved at udforske vores eget her-og-nu, kan vi udforske verden. Denne indre undersøgelse er faktisk vores eneste mulighed for at lære verden at kende – ellers vil vi bare *tro* at den er på en bestemt måde, eller have forskellige intellektuelle forestillinger om den. Men ved at iagttage os selv, kan vi lære virkeligheden at kende gennem vores egen direkte erfaring og lære at håndtere den på en positiv og kreativ måde.

En metode til at undersøge det indre er Vipassana meditation som undervist i af S. N. Goenka. Vipassana er en praktisk metode til at undersøge kroppen og sindet, så vi kan blive bevidste om de spændinger som ligger skjult der og løse dem op. På den måde kan vi udvikle uudnyttede potentialer og bruge dem for vores eget og andres bedste.

Vipassanā betyder indsigt på det tidlige indiske sprog pāli. Det er essensen af Buddhas lære – selve oplevelsen af de sandheder som han talte om. Det var ved at meditere, at Buddha selv fik sine erfaringer, og derfor er det også hovedsageligt meditation han underviste i. Hans ord er fortegnelser over hans erfaringer med meditation sammen med detaljerede instruktioner om, hvordan man praktiserer for at nå det mål han selv opnåede – oplevelsen af sandhed.

Alt dette er alment accepteret, men problemet herefter er hvordan man skal forstå og følge de instruktioner som Buddha gav. Selvom hans ord er blevet bevaret i anerkendt autentiske tekster, så er hans meditationsinstruktioner svære at forstå uden forbindelse til en levende praksis.

Men hvis der eksisterer en teknik som er blevet bevaret gennem et ukendt antal generationer og tilbyder de samme resultater som er beskrevet af Buddha, og hvis den stemmer præcist overens med hans instruktioner og spreder lys over aspekter af selvsamme instruktioner som længe har været uklare – så må denne teknik være værd at undersøge. Vipassana er en sådan teknik; enestående i sin enkelhed, i sit fravær af dogmer og frem for alt i de resultater den giver.

Kurser i Vipassana meditation er af ti dages varighed og er åbne for alle der oprigtigt ønsker at lære teknikken og har et fysisk og mentalt helbred der tillader det. Deltagerne bliver inden for kursusområdet i alle ti dage, uden kontakt med omverdenen. De afstår fra at læse og skrive, de lægger alle religiøse og andre praksisser til side, og de arbejder omhyggeligt efter de instruktioner der bliver givet. Under hele kurset følger de et sæt grundlæggende moralske forskrifter, herunder at leve i cølibat og at afstå fra alle rusmidler. De taler heller ikke med hinanden de første ni dage, men kan dog vende spørgsmål om meditationen med læreren og snakke med kursusarrangørerne om eventuelle praktiske problemer.

De første tre og en halv dag øver deltagerne sig på en mental koncentrationsøvelse. Dette er en forberedelse til den egentlige Vipassana-teknik, som introduceres på den fjerde dag på kurset. For hver dag introduceres der yderligere trin til teknikken, således at hele teknikken er blevet skitseret ved slutningen af kurset. På den tiende dag er stilheden ovre, og de mediterende kan vænne sig til et mere ekstrovert og udadvendt liv. Kurset slutter den ellevte dag om morgenen.

De ti dage vil højst sandsynligt indeholde et par overraskelser for den mediterende. Den første er at meditation er hårdt arbejde! Den udbredte opfattelse af meditation som en form for inaktivitet eller afslapning, viser sig ret hurtigt at være en misforståelse. Det er nødvendigt med en kontinuerlig indsats for bevidst at kunne fokusere de mentale processer på en bestemt måde. Man opfordres til at arbejde med hele sin formåen uden anspændthed, men inden man lærer dette, kan metoden være frustrerende eller endda udmattende.

En anden overraskelse er at de fleste af de indsigter man får gennem selviagttagelse, til at begynde med, formentlig ikke vil være hverken behagelige eller salige. Normalt er vi meget selektive i vores opfattelse af os selv. Når vi ser os selv spejlet, sørger vi omhyggeligt for at finde den mest flatterende positur og det mest tiltalende ansigtsudtryk. På samme måde har vi alle et mentalt billede af os selv som fremhæver beundringsværdige kvaliteter, minimerer brister og som helt forbigår visse af vores karaktertræk. Vi ser det billede vi vil se – ikke virkeligheden. Men Vipassana meditation er en teknik til at iagttage virkeligheden fra alle vinkler. I stedet for et omhyggeligt redigeret selvbillede, konfronteres den mediterende med hele den ucensurerede sandhed. Visse aspekter vil uundgåeligt være svære at acceptere.

Til tider kan det føles som om at man i sin søgen efter indre fred, ikke har fundet andet end uro. Alt der har at gøre med meditationen kan virke uanvendeligt og uacceptabelt; det hårde skema, faciliteterne, disciplinen, instruktionerne, rådene fra læreren, selve teknikken.

En anden overraskelse er imidlertid at vanskelighederne forsvinder. På et tidspunkt lærer eleverne at arbejde med teknikken uden at anstrenge sig, de lærer at bevare en afslappet årvågenhed, at være engagerede og samtidig ubundne. I stedet for at kæmpe med teknikken bliver de fordybede i den. Meditationscentrets mangelfuldheder opleves nu som uvæsentlige – disciplinen bliver en hjælpende støtte og timerne forsvinder af sig selv. Sindet bliver lige så stille som en bjergsø ved daggry der spejler omgivelserne perfekt, samtidig med at den afslører sine dybder for dem der ser nærmere efter. Når denne klarhed kommer, er hvert øjeblik fuld af bekræftelse, skønhed og fred.

Således opdager den mediterende at teknikken faktisk virker. Hvert skridt føles som et kæmpe spring, og alligevel opdager man at man er i stand til at tage det. Ved afslutningen af de ti dage står det klart hvor lang en rejse det har været siden kursets start. Den mediterende har gennemgået et forløb der svarer til en kirurgisk operation – perforeringen af et betændt sår. At åbne såret og presse pusset ud er smertefuldt, men det er nødvendigt at gøre for at såret kan hele. Når pusset er væk, er man blevet fri fra det og den smerte det forårsagede, og man genvinder helbredet. På samme måde befrier den mediterende under et meditationskursus sit sind fra nogle af dets spændinger, og får som et resultat et bedre mentalt helbred. Vipassana-kurset har bevirket store indre forandringer, forandringer som bliver efter kurset. Den mediterende opdager at den mentale styrke fra kurset og det man lærte, kan anvendes i hverdagen for ens eget og andres bedste. Livet bliver mere harmonisk, frugtbart og lykkeligt.

Den teknik som S. N. Goenka underviser i, lærte han af sin lærer, den nu afdøde Sayagyi U Ba Khin fra Myanmar, som igen havde lært teknikken af Saya U Thet, der var en kendt lærer i Vipassana i den første halvdel af det 20. århundrede. Saya U Thet var elev af Ledi Sayadaw, som var en berømt lærd munk fra slutningen af det 19. og begyndelsen af det 20. århundrede. Længere tilbage findes der ingen optegnelser over navnene på lærerne i denne teknik, men det menes af dem der praktiserer den, at Ledi Sayadaw lærte Vipassana meditation af traditionelle lærere, der havde bevaret den gennem generationer lige siden Buddhas lære først kom til Myanmar.

Teknikken stemmer overens med Buddhas meditationsinstruktioner – med den enkleste og mest bogstavelige betydning af hans ord. Og som det vigtigste, så sørger den for resultater som er gode, personlige, håndgribelige og øjeblikkelige.

Denne bog er ikke en gør-det-selv manual til at lære Vipassana meditation, og hvis nogen bruger den som om at det var, er det på eget ansvar. Teknikken bør kun læres på et kursus, hvor der findes de rette omgivelser til at støtte den mediterende og en trænet vejleder. Meditation er en alvorlig sag, især Vipassana-teknikken, som arbejder med sindets dybeste dele. Det bør aldrig gribes letsindigt eller skødeløst an. Hvis du bliver inspireret til at prøve Vipassana ved at læse denne bog, kan du kontakte adresserne bagest i bogen for at finde ud af hvornår og hvor der afholdes kurser.

Meningen med denne bog er blot at give en skitsering af Vipassana-metoden som den bliver undervist i af S. N. Goenka, i håbet om at det vil udvide forståelsen af Buddhas lære og den meditationsteknik som er essensen af hans lære.

Svømmologi

En ung professor var afsted på en længere rejse med skib. Han var en højtuddannet mand med en lang hale af bogstaver efter sit navn, men han havde ikke særlig meget livserfaring. I skibsbesætningen var der en gammel, udannet sømand. Hver aften besøgte sømanden den unge professors kahyt og lyttede til professorens lange foredrag om forskellige emner. Han var meget imponeret over den unge mands dannelse.

En aften da sømanden var ved at forlade kahytten efter adskillige timers foredrag, spurgte professoren: "Gamle mand, har du studeret geologi?"

"Hvad er det hr. professor?"

"Det er videnskaben om jorden."

"Nej hr. professor, jeg har aldrig gået i skole eller på universitetet. Jeg har aldrig studeret noget."

"Gamle mand, du har spildt en fjerdedel af dit liv."

Trist og nedslået forlod den gamle mand kahytten: "Hvis sådan en lærd person siger det, må det jo helt sikkert være sandt," tænkte han. "Jeg har spildt en fjerdedel af mit liv!" Næste aften da den gamle mand igen skulle til at gå, spurgte professoren ham: "Gamle mand, har du studeret oceanologi?"

"Hvad er det, hr. professor?"

"Videnskaben om havet."

"Nej, hr. professor, jeg har aldrig studeret noget."

"Gamle mand, du har spildt halvdelen af dit liv."

Endnu mere bedrøvet forlod sømanden kahytten: "Jeg har spildt halvdelen af mit liv; det siger denne dannede mand."

Næste aften spurgte den unge professor igen den gamle sømand: "Gamle mand, har du studeret meteorologi?"

"Hvad er det, hr. professor? Jeg har ikke engang hørt om det."

"Jamen, det er jo videnskaben om vinden, regnen, vejret."

"Nej, hr. professor. Som jeg fortalte dig, har jeg aldrig gået i skole. Jeg har aldrig studeret noget."

"Du har ikke studeret videnskaben om jorden du bor på; du har ikke studeret videnskaben om havet hvor du tjener dit levebrød; du har ikke studeret videnskaben om vejret som du anvender i din navigation hver dag? Gamle mand, du har spildt trefjerdedele af dit liv."

Den gamle mand var nu totalt ulykkelig: "Denne lærde mand siger jeg har spildt trefjerdedele af mit liv!"

Den næste dag var det den gamle sømands tur. Han kom løbende hen til den unge mands kahyt og råbte: "Professor, hr. professor, har du studeret svømmologi?"

"Svømmologi? Hvad mener du?"

"Kan du svømme, hr. professor?

"Nej, jeg har aldrig lært at svømme."

"Hr. professor, du har spildt hele dit liv! Skibet har ramt et skær og er ved at synke. Dem der kan svømme, kan nå ind til den nærmeste bred, men dem der ikke kan, vil sikkert drukne. Jeg beklager virkelig, hr. professor – men du har altså mistet dit liv."

Man kan studere alle "logi'erne" i verden, men hvis ikke man lærer svømmologi er studierne meningsløse. Man kan læse og skrive bøger om svømning, debattere om emnets finere teoretiske aspekter, men hvordan hjælper det en hvis man ikke er villig til at gå i vandet? Man er nødt til at lære at svømme.

Kapitel 1

SØGEN

Vi søger alle efter fred og harmoni. For det er det vi mangler i vores liv. Vi vil alle være lykkelige; vi betragter det nærmest som en rettighed. Men alligevel ender lykken som oftest med at være noget vi forestiller os vil ske for os i fremtiden, nærmere end noget vi oplever i det liv vi lever.

Vi oplever alle en gang i mellem at livet er utilfredsstillende – vi oplever uro, irritation, konflikt, lidelse. Selv hvis vi ikke føler os ramt af livets ubehageligheder lige nu, vil vi kunne huske hvordan vi har været ramt af dem tidligere, og kan måske ligefrem forudse hvordan de en gang i fremtiden vil plage os igen. Under alle omstændigheder vil vi før eller siden konfronteres med den lidelse som døden indebærer.

Vores personlige oplevelse af utilfredshed og ubehag er som regel ikke noget vi holder for os selv; i stedet deler vi vores lidelse med andre. Atmosfæren omkring en ulykkelig person bliver ladet med anspændthed og uro, og dem der bliver en del af denne atmosfære, bliver også anspændte og ulykkelige. På denne måde kombineres den ene persons individuelle spændinger med den andens, og det er sådan at spændingerne i samfundet bliver skabt.

Livets grundlæggende problem er at det i sin natur er utilfredsstillende: Der sker ting som vi ikke ønsker skal ske, og ting som vi gerne vil have skal ske, sker ikke. Og vi ved hverken hvorfor eller hvordan denne proces fungerer, ligesom vi ikke ved hvordan vores eget liv begyndte eller hvordan det ender.

For 2500 år siden besluttede en mand i Nordindien sig for at udforske dette problem - problemet med den menneskelige lidelse. Efter flere års søgen og afprøvning af forskellige teknikker, opdagede han en metode til at opnå indsigt om sin egen natur og til at opleve ægte frihed fra lidelse. Efter at have nået den højeste befrielse, befrielse fra al lidelse og konflikt, viede han resten af sit liv til at hjælpe andre til at gøre det samme som han selv havde gjort, ved at vise dem vejen til at befri sig selv.

Denne person – **Siddhattha Gotama**, kendt som Buddha – "den oplyste" – påstod aldrig at være andet end et menneske. Som det sker med alle store lærere, opstod der legender om ham. Men uanset hvilke fantastiske historier der er blevet fortalt om hans tidligere liv eller hans magiske kræfter, så er alle kilder enige om at han aldrig påstod at være hverken guddommelig eller guddommeligt inspireret. De særlige egenskaber han havde, var i allerhøjeste grad menneskelige egenskaber som han havde bragt til perfektion. Derfor er det han opnåede inden for rækkevidde for ethvert menneske der arbejder på samme måde som han gjorde.

Buddha underviste aldrig i nogen religion eller filosofi eller i noget trossystem. Han havde ingen interesse i dogmer eller spekulationer. Han kaldte sin lære for **Dhamma**, som betyder "lov", naturloven; den lære han tilbød var en universel, praktisk løsning på et universelt problem. "Nu, såvel som tidligere, handler min undervisning om lidelse og befrielse fra lidelse," sagde han.[1] Han nægtede endda at diskutere noget som ikke førte til befrielse fra lidelse.

Han insisterede på at denne lære ikke var noget han selv havde fundet på, og at den ikke var noget der var blevet guddommeligt åbenbaret for ham. Læren var ganske enkelt sandheden, virkeligheden, som han havde opdaget gennem sin egen stræben, præcis som mange folk før ham havde gjort det, og præcis som mange mennesker efter ham vil gøre det. Han hævdede ikke at have monopol på sandheden.

Han påstod heller ikke at hans lære havde nogen særlig autoritet – hverken på grund af den tillid folk havde til ham, eller på grund af den tilsyneladende logik i det han underviste i. Tværtimod understregede han at det er vigtigt at tvivle på og teste det man ikke selv har erfaret:

Lad være med bare at tro på alt hvad du bliver fortalt, eller hvad der er blevet overleveret i generationer, eller hvad der er almindeligt anerkendt, eller hvad skrifterne siger. Lad være med at acceptere noget som sandt alene ud fra ræsonnement eller logiske slutninger, eller på grund af hvordan det forekommer at være, eller på grund af forkærlighed for et bestemt synspunkt, eller fordi din lærer siger at det er sådan. Men når du med din egen direkte erfaring ved at, "disse principper er skadelige og forkastelige og bliver foragtet af vise mennesker; når de bliver udøvet, fører de til skade og lidelse," så bør du opgive dem. Og når du med din egen direkte erfaring ved at "disse principper er gavnlige og fejlfri og bliver lovprist af vise mennesker; når de bliver udøvet, fører de til velfærd og lykke," så bør du acceptere og praktisere dem.[2]

Den højeste autoritet er ens egen oplevelse af sandheden. Man bør ikke acceptere noget udelukkende ud af tillid; vi er nødt til at undersøge det for at se om det er logisk, praktisk og fordelagtigt. Det er heller ikke tilstrækkeligt kun at acceptere en lære rent intellektuelt, selvom vi synes at den er logisk. Hvis vi skal have gavn af sandheden, er vi nødt til at opleve den direkte. Kun på den måde, kan vi vide om noget rent faktisk er sandt. Buddha understregede altid at han kun underviste i det han havde erfaret ved direkte selvsyn, og han opfordrede andre til at udvikle denne viden selv så de kunne blive deres egne autoriteter: "Gør dig selv til en ø, gør dig selv til din tilflugt; der findes ingen anden tilflugt. Gør sandheden din ø, gør sandheden din tilflugt, der findes ingen anden tilflugt."[3]

Den eneste virkelige tilflugt i livet, den eneste faste grund vi kan stå på, den eneste autoritet der kan give os den rette vejledning og beskyttelse, er sandheden, Dhamma, naturloven, erfaret og efterprøvet af én selv. Derfor lagde Buddha i sin lære altid størst vægt på den direkte oplevelse af sandheden. Det han havde oplevet, forklarede han så tydeligt som muligt, så at andre kunne få retningslinjer, som de kunne bruge i deres eget arbejde med at opleve sandheden. Han sagde: "Den lære som jeg har fremlagt, har ikke en synlig og en usynlig side. Der ligger ikke noget gemt i lærerens knyttede næve."[4] Han havde ikke nogen esoterisk doktrin for et fåtal af særligt udvalgte. Tværtimod ønskede han at gøre naturloven så tydelig og alment kendt som muligt, så at flest muligt kunne få gavn af den.

Han var heller ikke interesseret i at danne en sekt eller en kultdyrkelse med ham selv som centrum. Han sagde at lærerens personlighed er uvigtig sammenlignet med læren. Hans hensigt var at vise andre hvordan de befriede sig selv, ikke at omvende dem til blinde tilhængere. Til en følger som viste overdreven ærbødighed over for ham, sagde han: "Hvad får du ud af at se på denne krop som en dag vil gå i forrådnelse? Den der ser Dhamma ser mig, den der ser mig, ser Dhamma."[5]

Tillid til en anden person – ligegyldig hvor hellig den person er - er ikke nok til at befri én; der kan ikke være nogen befrielse uden direkte erfaring af virkeligheden. Derfor er det sandheden der er vigtigst, og ikke den person der taler om sandheden. Det er passende at respektere en person som underviser i sandheden, men den bedste måde at vise den respekt på, er ved at arbejde på at indse sandheden selv. Da folk henimod slutningen af Buddhas liv begyndte at ære ham overdrevent, sagde Buddha: "Dette er ikke den rette måde at ære, vise respekt, hylde og hædre en oplyst person på. Men når en munk eller nonne, en lægmand eller en lægkvinde, standhaftigt går på Dhammas vej, fra det første skridt til det endelige mål, og praktiserer Dhamma på den rette måde, så viser de respekt, og hylder og hædrer den oplyste person."[6]

Det Buddha underviste i, var en vej som ethvert menneske kan følge. Han kaldte denne vej den ædle ottefoldige vej. "Den ottefoldige vej" refererer til en praksis der består af otte dele, som alle hænger sammen. Den er ædel i den forstand at enhver som går på vejen, er sikker på at blive et ædelhjertet og helligt menneske, fri fra lidelse.

Det er en vej til indsigt i virkelighedens natur, en vej til erkendelse af sandheden. For at løse vores problemer, er vi nødt til at se vores situation som den faktisk er. Vi må lære at se den overfladiske, tilsyneladende virkelighed i øjnene, men også at trænge igennem denne ydre virkelighed for at opleve en dybere sandhed; derefter en endnu dybere sandhed og til sidst den sandhed som er fri fra al lidelse. Om vi vælger at kalde det for sandhed, **nibbāna**, "himlen", eller noget andet, er uvæsentligt. Det væsentlige er at opleve det.

Den eneste måde at opleve sandheden direkte på, er ved at vende blikket indad, at iagttage sig selv. Hele livet har vi været vant til at vende blikket udad. Vi har altid været interesserede i hvad der foregår uden for os selv; i hvad andre gør. Vi har sjældent eller aldrig, forsøgt at iagttage os selv, vores egen mentale og fysiske struktur, vores egne handlinger, vores egen virkelighed. Derfor forbliver vi fremmede over for os selv. Vi indser ikke hvor skadelig denne uvidenhed er, og i hvor høj grad vi er slaver af indre kræfter som vi ikke er bevidste om.

For at kunne forstå sandheden, er dette indre mørke nødt til at blive drevet bort. Vi er nødt til at opnå indsigt i vores egen natur for at kunne forstå vores tilværelse. Derfor handler den vej som Buddha viste os om introspektion og selviagttagelse. Han sagde: "Det er inden for denne seks fod lange krop, der indeholder sindet og dets funktioner, at jeg lærer om universet, dets årsag, dets ophør og vejen der fører til dets ophør."[7] Hele universet og alle naturlovene som det opererer under, skal altså erfares inde i én selv. Det er faktisk *kun* inde i én selv at de kan erfares.

Vejen kan også beskrives som en renselsesproces. Vi undersøger sandheden om os selv, ikke ud af tilfældig intellektuel nysgerrighed, men med en klar hensigt om at befri os selv fra lidelse. Ved at iagttage os selv, bliver vi for første gang opmærksomme på de betingede reaktioner og fordomme som forplumrer vores sind, skjuler virkeligheden fra os og skaber lidelse. Vi lægger mærke til de akkumulerede indre spændinger, der gør os urolige og ulykkelige, og det går op for os at de kan fjernes. Gradvist lærer vi hvordan vi kan lade dem blive opløst, og lidt efter lidt, bliver vores sind rent, fredfyldt og lykkeligt.

Vejen er en proces som kræver uafbrudt arbejde. Der kan komme pludselige gennembrud, men disse kommer som et resultat af vedvarende bestræbelser. Man kan kun tage et enkelt skridt ad gangen, men hvert eneste skridt bærer frugt med det samme. Vi følger ikke vejen i håb om en belønning som kun kan indløses i fremtiden, fx at man efter døden havner i et himmerige som man gætter på eksisterer. Resultaterne skal være konkrete, håndgribelige, personlige og oplevet her og nu.

Frem for alt er dette en lære som skal praktiseres. Blot at have tillid til Buddha eller hans lære vil ikke hjælpe én at blive fri fra lidelse; det vil den intellektuelle forståelse af læren heller ikke. Disse er kun værdifulde hvis de inspirerer os til at anvende læren i praksis. Det er kun den faktiske udøvelse af det Buddha underviste i, som vil give konkrete resultater og forandre vores liv til det bedre. Buddha sagde:

En person der reciterer store dele af skrifterne uden at praktisere dem – en så tankeløs person er ligesom en hyrde der kun tæller andre folks køer; han får ingen glæde af sit liv som sandhedssøger.

En anden person kan måske kun recitere ganske få ord fra skrifterne – men hvis han lever i linje med Dhamma ved at tage skridt på vejen, fra dens begyndelse til målet, så nyder han frugterne af sin søgen.[8]

Vejen er nødt til at blive fulgt, læren er nødt til at blive virkeliggjort; ellers er det en meningsløs praksis.

Det er ikke nødvendigt at betegne sig selv som buddhist for at praktisere denne lære. Etiketter er irrelevante. Lidelse forskelsbehandler ikke; alle mennesker lider. Derfor skal remediet også være lige anvendeligt for alle for at være brugbart. Praksissen er heller ikke forbeholdt eneboere som er afskåret fra det almindelige liv. Det er klart at man er nødt til at afsætte en vis mængde tid hvor man udelukkende fokuserer på at lære at meditere, men bagefter skal man anvende læren i hverdagslivet. En person som giver afkald på hjem og verdsligt ansvar for at følge vejen, har mulighed for at arbejde mere intensivt, at tilegne sig læren dybere, og dermed udvikle sig hurtigere. En person som lever i samfundet og må tage sig af en bred vifte af pligter, kan kun afsætte begrænset tid til at praktisere. Men uanset om man har givet afkald på sit hjem, eller om man lever i samfundet, så skal man stadig lære at anvende Dhamma.

Det er kun den anvendte Dhamma som giver resultater. Hvis dette virkelig er en vej som leder fra lidelse til fred, så bør vi i takt med at vi udvikler os i praksissen, gradvist blive mere lykkelige i det daglige liv; vi bør blive mere harmoniske og være mere i fred med os selv. Samtidig bør vores relationer til andre blive mere fredfyldte og harmoniske. I stedet for at øge spændingerne i samfundet, bør vi kunne bidrage positivt til andres lykke og velgang. For at følge vejen, må vi leve et Dhamma-liv, i sandhed og renhed. Hvis vi gør det, anvender vi Dhamma korrekt. Og så kan Dhamma med rette kaldes kunsten at leve.

Spørgsmål og svar

SPØRGSMÅL: Du bliver ved med at referere til Buddha. Underviser du i buddhisme?

S. N. GOENKA: Jeg er ikke interesseret i "ismer". Jeg underviser i Dhamma, som er det Buddha underviste i. Han underviste aldrig i nogen "isme" eller sekterisk doktrin. Han underviste i noget som folk fra enhver baggrund kan få gavn af: Kunsten at leve. At sidde fast i uvidenhed er skadeligt for alle; at udvikle visdom er godt for alle. Så alle kan praktisere denne teknik og få gavn af den. En kristen vil blive en god kristen, en jøde vil blive en god jøde, en muslim vil blive en god muslim, en hindu vil blive en god hindu, en buddhist vil blive en god buddhist. Man må blive et godt menneske, ellers kan man aldrig blive en god kristen, en god jøde, en god muslim, en god hindu, en god buddhist. At blive et godt menneske - det er det vigtigste.

Du taler om betingning. Er denne teknik egentlig ikke bare en form for betingning af sindet, selvom det er på en positiv måde?

Tværtimod – det er en proces der handler om at afbetinge sindet. I stedet for at pålægge sindet noget, fjerner processen automatisk de skadelige kvaliteter, så det kun er de gavnlige, positive kvaliteter der bliver tilbage. Ved at fjerne negativiteterne, afdækkes de positive kvaliteter som er den grundlæggende natur i et rent sind.

Men at sidde i en bestemt stilling og fokusere opmærksomheden i en bestemt retning i et vist tidsrum er vel en form for betingning af sindet.

Hvis du gør det som en leg eller et mekanisk ritual, så betinger du sindet, ja. Men det er at bruge Vipassana forkert. Når det praktiseres rigtigt, sætter det dig i stand til at erfare sandheden direkte. Og ud fra denne erfaring udvikles der naturligt en forståelse, som fjerner al tidligere betingning.

Er det ikke egoistisk at glemme verden og bare sidde og meditere hele dagen?

Det ville det være hvis det var målet i sig selv, men det er et middel til at opnå noget som slet ikke er egoistisk: Et sundt sind. Når kroppen er syg, tager du på hospitalet for at blive rask. Du bliver der ikke hele livet, men bare indtil du er blevet rask. På samme måde tager du på meditationskursus for at få en mental sundhed, som du vil bruge i hverdagen til glæde for dig selv og andre.

At forblive lykkelig og fredfyldt selv når man konfronteres med andres lidelse – er det ikke ren og skær ufølsomhed?

At være sensitiv overfor andres lidelse betyder ikke at du selv behøver at blive trist. I stedet bør du forblive i sindsro og balance, så at du kan agere for at lette deres lidelse. Hvis du også bliver trist, forøger du den lidelse der er omkring dig, og så hjælper du hverken andre eller dig selv.

Hvorfor lever vi ikke i en tilstand af fred?

Fordi der mangler visdom. Et liv uden visdom er et liv i illusion, det er en tilstand af uro, af lidelse. Vores primære ansvar er at leve et sundt og harmonisk liv som er godt for os selv og for alle andre. For at gøre det, må vi lære at bruge vores evne til selviagttagelse, sandhedsiagttagelse.

Hvorfor er det nødvendigt at deltage i et 10-dages kursus for at lære teknikken?

Jamen, hvis du har tid til at blive længere, ville det være endnu bedre! Men ti dage er den korteste tid hvor det er muligt at forstå hovedtrækkene i teknikken.

Hvorfor skal vi blive inden for kursusområdet i de ti dage?

Fordi du er her for at gennemgå en operation af dit sind. En operation bør gennemgås på et hospital i et operationsrum fri fra smittefare. Her på kursusområdet kan du gennemgå operationen uden at blive forstyrret af omverdenen. Når kurset er ovre, er operationen slut, og du er klar til at møde verden igen.

Helbreder denne teknik den fysiske krop?

Ja, som et biprodukt. Mange psykosomatiske sygdomme forsvinder automatisk når de mentale spændinger bliver løst op.

Hvis sindet er uroligt, vil der opstå sygdomme. Hvis sindet bliver stille og rent, vil de automatisk forsvinde. Men hvis du vælger helbredelse af en sygdom som mål fremfor renselsen af dit sind, opnår du hverken det ene eller andet. Jeg har lagt mærke til, at folk der deltager i et kursus med sygdomshelbredelse som mål, hele tiden fokuserer på deres sygdom: "Er det bedre i dag? Nej, det er ikke bedre... Er der forbedring i dag? Nej, ingen forbedring!" De spilder alle de ti dage på denne måde. Men hvis ønsket er at rense sindet, så går mange sygdomme automatisk væk, som et resultat af meditationen.

Hvad ville du sige at meningen med livet er?

At blive fri fra lidelse. Et menneske har den her fantastiske evne til at kunne gå dybt indeni, iagttage virkeligheden, og blive fri fra lidelse. Hvis ikke man bruger denne evne spilder man sit liv. Brug denne evne til at leve et rigtig sundt og lykkeligt liv!

Du taler om at blive overmandet af negativitet. Hvordan med at blive overmandet af positivitet, for eksempel af kærlighed?

Det du betegner som "positivitet" er sindets sande natur. Når sindet er fri fra betingning er det altid fyldt med kærlighed – ren kærlighed – og du er fredfyldt og lykkelig. Hvis du fjerner negativiteterne, så er positiviteten tilbage, renhed er tilbage. Lad hele verden blive oversvømmet af denne positivitet.

At gå vejen

I byen Sāvatthī i Nordindien havde Buddha et stort meditationscenter hvor folk kom og mediterede og lyttede til hans Dhamma-foredrag. Hver aften plejede en ung mand at komme og høre hans foredrag. Han kom gennem mange år og lyttede til Buddha, men han anvendte aldrig læren i praksis.

Efter et par år kom manden en aften lidt tidligere, og så at Buddha var alene. Han gik hen til ham og sagde: "Jeg har et spørgsmål som bliver ved med at dukke op og skabe tvivl."

"Jaså? Der bør ikke være nogen tvivl om Dhammas vej, så lad os få det afklaret. Hvad er dit spørgsmål?"

"I mange år er jeg kommet her på dit meditationscenter. Jeg har bemærket at der er en stor flok af munke og nonner omkring dig, og en endnu større flok af lægmænd og lægkvinder. Nogle af dem er kommet her gennem mange år. Jeg kan se at nogle af dem uden tvivl har nået det endelige mål – det er ret tydeligt at de er fuldstændig befriede. Jeg har også lagt mærke til at nogle af dem har oplevet en forandring i deres liv. De er forandrede til det bedre, selvom jeg ikke tror de er helt befriede. Men jeg har også lagt mærke til at mange folk, inklusiv mig selv, er som vi var, og i nogle tilfælde, endda værre. Vi har ikke forandret os overhovedet, og i hvert fald ikke til det bedre."

"Hvorfor er det sådan? Folk kommer til dig, sådan en mægtig mand, fuldt oplyst, så fuld af styrke og medfølelse. Hvorfor anvender du ikke din styrke og medfølelse til at befri os alle?"

Buddha smilte og sagde: "Hvor bor du, unge mand? Hvor kommer du fra?"

"Jeg bor her i Sāvatthī, hovedstaden i staten Kosala."

"Jo, men man kan se på dine ansigtstræk at du ikke er fra denne del af landet. Hvor kommer du oprindeligt fra?"

"Jeg er fra Rājgaha, hovedstaden i staten Magadha. Jeg flyttede her til Sāvatthī for nogle år siden."

"Og har du brudt alle forbindelser til Rājagaha?"

"Nej, jeg har familie der - og venner og forretningsforbindelser."

"Så må du jo tage fra Sāvatthī til Rājagaha ret tit."

"Ja, jeg besøger Rājagaha mange gange hvert år og vender tilbage til Sāvatthi."

"Når du har rejst frem og tilbage så mange gange til Rājagaha, må du jo kende vejen ret godt."

"Jo jo, jeg kender den udenad. Jeg vil næsten sige at jeg kunne finde dertil med bind for øjnene."

"Og dine venner, dem der kender dig godt, de må jo vide at du er fra Rājagaha og har bosat dig her? De ved vel at du tit besøger Rājagaha, og at du kender vejen hertil?

"Ja, selvfølgelig. Alle der kender mig godt, ved at jeg ofte tager til Rājagaha, og at jeg kender vejen rigtig godt."

"Så sker det vel at nogle af dem beder dig om at forklare vejen fra Sāvatthi til Rājagaha. Holder du så noget hemmeligt for dem, eller forklarer du dem vejen tydeligt?"

"Hvad skulle jeg dog holde hemmeligt? Jeg forklarer selvfølgelig vejen så godt som jeg kan: Du begynder med at vandre mod øst, og derefter mod Banaras, så fortsætter du indtil du når Gaya og derefter når du Rājagaha. Jeg forklarer det meget tydeligt for dem."

"Og de folk som du forklarer det så tydeligt for, kommer de alle sammen til Rājagaha?"

"Men hvordan skulle det dog kunne lade sig gøre? Det er jo kun dem som går hele vejen dertil, der når Rājagaha."

"Det er netop det jeg vil sige til dig, unge mand. Folk bliver ved med at komme, fordi de ved at det her er en person som har gået vejen til *nibbāna*, og derfor kender den udenad. De kommer og spørger: 'Vil du forklare vejen til *nibbāna*, til befrielse?' Og hvad er der at holde hemmeligt? Jeg forklarer det tydeligt for dem: 'Dette er vejen.' Så er der måske én som nikker, og siger: 'Perfekt, go' forklaring, det er en rigtig god vej, men jeg tænker nu ikke at jeg vil bevæge mig ud af den; det er en vidunderlig vej, men jeg tror nu ikke jeg vil gøre mig den ulejlighed det er at gå på den.' Hvordan skulle denne person så nå det endelige mål?"

"Jeg bærer ikke nogen på mine skuldre til målet. *Ingen* kan bære en anden til det endelige mål. Som det eneste kan man med kærlighed og medfølelse sige: 'Dette her er vejen, og sådan her har jeg gået på den. Hvis du også arbejder, hvis du også går på denne vej, så når du også det endelige mål.' Men alle må selv gå, og er nødt til at tage *alle* skridtene selv. Hvis man har taget ét skridt på vejen, er man ét skridt nærmere målet. Hvis man har taget hundrede skridt på vejen, er man hundrede skridt nærmere målet. Hvis man har taget alle skridtene på vejen, har man nået det endelige mål. Du er nødt til selv at gå på vejen."[9]

Kapitel 2

BEGYNDELSEN

Kilden til lidelse ligger inde i os selv. Når vi lærer at forstå vores egen virkelighed, finder vi også løsningen på lidelsen. "Kend dig selv" er et råd som alle vise mennesker har givet os. Vi må begynde med at kende vores egen natur, ellers kan vi aldrig løse hverken vores egne eller verdens problemer.

Men hvad ved vi egentlig om os selv? Vi er alle overbeviste om at vi er ret vigtige, og om hvor unikke vi er, men denne viden er kun overfladisk. På et dybere plan kender vi ikke os selv.

Buddha udforskede menneskets natur ved at udforske sig selv. Han lagde alle forudfattede meninger til side, og udforskede virkeligheden indeni. Han opdagede at hvert et menneske er sammensat af fem processer, fire mentale og en fysisk.

Materien

Lad os begynde med den fysiske del. Dette er den mest åbenlyse og synlige del af os selv, som let bliver opfattet af samtlige sanser. Og alligevel ved vi så lidt om den. Ud fra et overfladisk perspektiv kan man styre kroppen – den bevæger sig og handler ud fra de instruktioner som den bevidste vilje giver den. Men alle de indre organer fungerer på et andet plan og uden vores kontrol og viden. Og på et endnu dybere plan finder de konstante biokemiske reaktioner sted i hver en celle i kroppen, helt uden at vi ved det. Men dette er stadig ikke den ultimative virkelighed om det materielle fænomen. Ultimativt set, er den tilsyneladende solide krop sammensat af subatomare partikler og tomrum. Og dertil, så har disse subatomare partikler ingen fasthed – deres livslængde er meget kortere end en trilliondel af et sekund. Partikler opstår og forsvinder konstant, bliver til og ophører, som en strøm af vibrationer. Dette er kroppens ultimative virkelighed, den ultimative virkelighed om al materie, som blev opdaget af Buddha for 2500 år siden.

Nutidige videnskabsmænd er gennem deres forskning nået frem til den samme konklusion; at dette er den ultimative virkelighed om det materielle univers. Men disse forskere er ikke blevet befriede, oplyste mennesker. De har undersøgt universet af ren nysgerrighed ved at bruge deres intellekt, og været afhængige af tekniske instrumenter til at afprøve deres teorier. Buddha var derimod ikke motiveret af nysgerrighed, men snarere af et ønske om at finde en vej ud af lidelse. Han brugte ingen instrumenter i sin undersøgelse, bortset fra sit sind. Den sandhed han opdagede, var ikke et resultat af intellektuel tankevirksomhed, men af direkte oplevelse, og det var derfor den kunne befri ham.

Han opdagede at hele det materielle univers er sammensat af partikler som kaldes *kalāpas* på pāli, eller 'udelelige enheder'. Disse enheder udtrykker i utallige variationer materiens grundlæggende egenskaber: Masse, sammenhæng, temperatur og bevægelse. Når de forenes skaber de strukturer som forekommer at være bestandige. Men i virkeligheden er alle disse sammensat af bittesmå *kalāpas* som uafbrudt opstår og forsvinder. Dette er den ultimative virkelighed om materien: En uafbrudt strøm af bølger eller partikler. Det er også den ultimative virkelighed om den krop som vi betragter for at være "mig".

Sindet

Parallelt med den fysiske proces, foregår den mentale proces, sindet. Selvom sindet ikke kan røres eller ses, lader det til at være endnu tættere forbundet med det man forstår som "sig selv" end kroppen: Vi kan godt forestille os en fremtidig eksistens uden kroppen, men vi kan ikke forestille os en sådan eksistens uden sindet. Og alligevel har vi en så begrænset viden om sindet, og har så lav en grad af kontrol over det. Det nægter ofte at gøre som vi ønsker, og gør i stedet det vi ikke ønsker. Vores kontrol over den bevidste del af sindet er ofte relativt svag; men når det gælder den underbevidste del, er kontrollen fuldstændig sat ud af spil; sindet er fyldt med kræfter som vi ikke kan forene os med og ikke er bevidste om.

Da Buddha udforskede kroppen, udforskede han også sindet. Han opdagede at det i overordnede træk består af fire processer: Bevidsthed (**viññāna**), evaluering (**saññā**), kropsfornemmelse (**vedanā**) og reaktion (**saṅkhāra**).

Den første del, bevidstheden, er den registrerende del af sindet, ren bevidsthed eller opfattelse uden vurdering eller evaluering. Den registrerer udelukkende hændelsen af et fænomen, modtagelsen af et fysisk eller mentalt input. Den registrerer oplevelsens uforarbejdede data, uden at påsætte etiketter eller foretage værdidomme.

Den anden mentale proces er evaluering, kategoriseringen af noget. Denne del af sindet identificerer det som bevidstheden har registreret. Den skelner, sætter etikette på og kategoriserer de indgående uforarbejdede data og bedømmer dem som positive eller negative.

Den næste del af sindet er oplevelsen af kropslige fornemmelser. Faktisk opstår der en kropsfornemmelse, et signal om at der sker noget, så snart et input er modtaget. Så længe at inputtet ikke evalueres, forbliver kropsfornemmelsen neutral. Men når der knyttes en værdi til de indgående data, bliver kropsfornemmelsen behagelig eller ubehagelig, alt afhængig af den vurdering der afgives.

Hvis kropsfornemmelsen er behagelig, opstår der et ønske om at forlænge og forstærke oplevelsen. Hvis det er en ubehagelig kropsfornemmelse, opstår der et ønske om at stoppe den, at skubbe den væk. Sindet reagerer med at synes om og at ikke synes om.[10] Når man for eksempel har et normalt fungerende øre, og hører en lyd, så er det bevidstheden der opfatter det. Når lyden genkendes som ord – med positive eller negative associationer – begynder sindets evaluerende del at virke. Derefter opstår der kropsfornemmelser. Hvis det er rosende ord, opstår der en behagelig fornemmelse. Hvis det er skældsord, opstår der en ubehagelig fornemmelse. Reaktionen sker med det samme. Hvis kropsfornemmelsen er behagelig begynder man at kunne lide den, og man vil have flere rosende ord. Hvis kropsfornemmelsen er ubehagelig, begynder man at have modvilje mod den, og man ønsker at skældsordene skal stoppe.

De samme trin forløber når en hvilken som helst af de andre sanser modtager et input: Bevidsthed, evaluering, kropsfornemmelse og reaktion. Disse fire mentale funktioner er endda endnu mere flygtige end de kortvarige partikler som udgør den materielle virkelighed. Hvert eneste øjeblik hvor sanserne kommer i kontakt med et objekt, forløber de fire mentale processer med ufattelig hastighed, og gentager sig selv så længe kontakten er i gang. Dette går dog så hurtigt, at man ikke er klar over at det sker. Det er kun når en bestemt reaktion har gentaget sig selv over længere tid, og har taget en udtalt, forstærket form, at opmærksomheden om den udvikler sig i den bevidste del af sindet.

Det mest slående aspekt ved denne beskrivelse af et menneske, er ikke hvad beskrivelsen medregner, men hvad den udelader. Uanset om vi er fra Vesten eller Østen, om vi er kristne, jøder, muslimer, hinduer, buddhister, ateister, eller noget andet, så er hver og én af os overbeviste om at der er et 'jeg' et eller andet sted i os – en vedvarende identitet. Vi lever under den ureflekterede antagelse at den person som eksisterede for ti år siden, i bund og grund er den samme person som eksisterer i dag, som vil eksistere om ti år, og måske til og med er den samme person som vil eksistere i et fremtidigt liv efter døden. Uanset hvilke filosofier, teorier eller overbevisninger vi ellers anser for at være sande, så lever vi alle med en dybt rodfæstet overbevisning om at "jeg var, jeg er og jeg kommer til at være".

Buddha udfordrede denne instinktive overbevisning om identitet. Dette gjorde han ikke for at fremlægge endnu en ny filosofisk teori der kunne dyste mod andres teorier; han understregede gentagne gange at han ikke fremførte nogen idé eller holdning, men blot beskrev den sandhed som han havde oplevet, og som ethvert almindeligt menneske kan opleve: "Den oplyste har lagt alle teorier til side," sagde han, "for han har set sandheden om materie, kropsfornemmelse, evaluering, reaktion og bevidsthed, og hvordan de opstår og forgår".[11] På trods af menneskets umiddelbare fremtræden, havde han opdaget at et menneske i virkeligheden er en kæde af separate, men forbundne hændelser. Hver hændelse er et resultat af den foregående hændelse og følger den umiddelbart efter. Det ubrudte forløb af tæt forbundne hændelser, får det til at virke som om der er kontinuitet, at der er en identitet; men dette er kun en tilsyneladende virkelighed, og ikke den ultimative sandhed.

Vi kan give en flod et navn, men egentlig er det en strøm af vand som ikke holder nogen pauser med at strømme. Vi kan opfatte et stearinlys som noget varigt, men hvis vi ser godt efter, ser vi at det i virkeligheden er en flamme som blusser op fra en væge, brænder kort, og i samme øjeblik bliver afløst af en ny flamme, øjeblik efter øjeblik. Vi taler om det elektriske lys uden at tænke over at det i virkeligheden, ligesom floden, er en konstant strøm, og i dette tilfælde en strøm af elektricitet, forårsaget af den høje frekvenssvingning der finder sted inde i en glødepære.

Hvert eneste øjeblik opstår der noget nyt som et resultat af noget der er sket tidligere, og bliver afløst af noget nyt i det efterfølgende øjeblik. Rækkefølgen af hændelser er så hurtig og vedvarende at det er svært at skelne de separate hændelser fra hinanden. Man kan ikke sige på et bestemt tidspunkt, at det der sker nu, er det samme som det foregående, og samtidig kan man heller ikke sige at det ikke er det samme. Men alligevel finder processen sted.

Ligeledes indså Buddha at en person ikke er en færdig, bestandig helhed, men en proces, der finder sted fra øjeblik til øjeblik. Der findes ikke nogen uforanderlig person, kun en igangværende strøm, en vedvarende tilblivelsesproces. Selvfølgelig er vi i det daglige nødt til at behandle hinanden som personer, der er mere eller mindre fast definerede og uforanderlige; vi må acceptere den ydre, synlige virkelighed, for ellers kan vi slet ikke fungere. Den ydre virkelighed er virkelig, men kun på et overfladisk plan. På et dybere plan er virkeligheden at hele universet, levende og ikke-levende, er i en konstant tilblivelsesproces der opstår og forgår. Hver eneste af os er faktisk en konstant, foranderlig strøm af subatomare partikler, parallelt med en mental strøm af bevidsthed, evaluering, kropsfornemmelse og reaktion. Den mentale proces forandrer sig endda endnu hurtigere end den fysiske.

Dette er den ultimative sandhed om det 'jeg' som vi hver især bekymrer os så meget om. Dette er det forløb af begivenheder som vi alle er en del af. Hvis vi kan forstå dette gennem vores egen erfaring, finder vi den ledetråd som kan føre os ud af lidelse.

Spørgsmål og svar

SPØRGSMÅL: Jeg er ikke sikker på hvad du mener, når du siger 'sind'. Jeg kan ikke finde sindet.

S. N. GOENKA: Det er alle steder, i hvert eneste atom. Hvor end du mærker noget, findes sindet. Sindet mærker.

Så med sindet mener du altså hjernen?

Nej, nej. Her i Vesten tror I at sindet kun er i hovedet. Det er en forkert opfattelse.

Sindet er i kroppen?

Ja, hele kroppen indeholder sindet, hele kroppen!

Du taler udelukkende om oplevelsen af et 'jeg' som noget negativt. Er der ikke en positiv side? Kan en følelse af 'jeg' ikke fylde et menneske med glæde, fred og henrykkelse?

Ved at meditere vil du opdage at alle de her sanselige fornøjelser ikke er varige – de kommer og forsvinder igen. Hvis dette 'jeg' virkelig nyder dem, hvis de er 'mine' glæder, så må 'jeg' have kontrol over dem. Men de opstår bare og forsvinder igen uden min kontrol. Hvilket 'jeg' findes der så?

Jeg taler ikke om sanselige fornøjelser, men om et meget dybt plan.

På det plan har 'jeg' ikke nogen betydning overhovedet. Når du når det plan, er egoet opløst. Der er kun glæde. Spørgsmålet om 'jeg' opstår i så fald ikke.

Lad os i stedet for oplevelsen af at være et 'jeg', sige oplevelsen af at være en person.

Følelsen føler; der er ingen til at føle den. Hændelser sker bare, det er alt. For dig ser det ud til at der må være et 'jeg' som føler, men hvis du mediterer, vil du nå et stadie hvor egoet opløses. Så vil dit spørgsmål forsvinde!

Jeg kom her fordi jeg følte at 'jeg' behøvede at komme her.

Ja! Det er sandt. I det daglige kan vi ikke undvære udtryk som 'jeg' og 'min'. Men at knytte sig til dem, og tage dem for at være virkelige i en dybere forstand, vil bare medføre lidelse.

Jeg har tænkt på om der er andre som skaber lidelse for os?

Ingen skaber lidelse for dig. Du skaber lidelsen selv ved at udvikle spændinger i sindet. Hvis du ved hvordan du skal undgå det, bliver det let at være fredfyldt og lykkelig i hver en situation.

Hvad så når andre behandler os dårligt?

Du må ikke tillade andre at behandle dig dårligt. Når en person gør noget krænkende, så skader han andre og på samme tid skader han sig selv. Hvis du tillader ham at gøre noget krænkende, så opfordrer du ham til at gøre noget krænkende. Du må bruge al din styrke til at stoppe ham, men med velvilje, medfølelse og sympati for ham. Hvis du handler med had og vrede, forværrer du situationen. Men du kan ikke have velvilje for sådan en person medmindre dit sind er ligevægtigt og fredfyldt. Så mediter for at udvikle indre fred, og så kan du løse problemet.

Hvad er ideen med at søge indre fred, når der ikke er nogen fred i verden?

Verden vil kun være fredelig når folkene i verden er fredelige og lykkelige. Forandringen bliver nødt til at komme fra hvert enkelt individ. Hvis skoven er visnet og du gerne vil have den til at vokse og have det godt igen, er du nødt til at vande hvert enkelt træ. Hvis du ønsker verdensfred, så bør du lære selv at være fredfyldt. Kun på den måde kan du bringe fred til verden.

Jeg kan godt forstå at meditation kan hjælpe utilpassede, ulykkelige mennesker, men hvordan kan det hjælpe dem som allerede er tilfredse med deres liv, og som allerede er lykkelige?

En person som stiller sig tilfreds med de overfladiske fornøjelser i livet, er ikke bevidst om den uro som ligger i sindets dyb. Han har en illusion om at han er et lykkeligt menneske, men hans fornøjelser er ikke varige, og spændingerne i den underbevidste del af sindet vokser for før eller siden at dukke op i den bevidste del af sindet. Når de gør det, så bliver denne såkaldt lykkelige person ulykkelig. Så hvorfor ikke begynde at arbejde med det samme for at afværge den situation?

Er det Manayāna eller Hīnayāyana du underviser i?

Ingen af dem. Ordet *yāna* betyder faktisk et køretøj som tager én til det endelige mål, men i dag bliver det det fejlagtigt tillagt en sekterisk bibetydning. Buddha underviste aldrig i noget sekterisk. Han underviste i Dhamma, som er universelt. Denne universelle karakter er det som tiltrak mig og gav mig resultater, og derfor er denne universelle Dhamma det jeg tilbyder til alle med al min kærlighed og medfølelse. For mig er Dhamma hverken *Manayāna* eller Hīnayāna, eller en sekt.

Buddha og videnskabsmanden

Den fysiske virkelighed forandrer sig i hvert øjeblik. Det var det Buddha opdagede ved at udforske sig selv. Med sit stærkt koncentrerede sind trængte han dybt ind i sin egen natur, og opdagede at hele den materielle struktur er sammensat af bittesmå subatomare partikler, som konstant opstår og forsvinder. Han sagde at hver eneste af disse partikler opstår og forsvinder mange trillioner gange i løbet af den tid det tager at knipse med fingrene eller blinke med øjnene.

Hvis man er vant til kun at iagttage kroppens umiddelbare fremtræden, der virker så solid og bestandig, vil man nok have svært ved at tro dette udsagn. Jeg plejede selv at tro, at udtrykket "mange trillioner gange" bare var et idiomatisk udtryk som ikke skulle tages bogstaveligt. Men den moderne videnskab har bekræftet at det er ganske faktuelt.

For adskillige år siden modtog en amerikansk forsker Nobelprisen i fysik. Han havde gennem lang tid studeret og udført forsøg for at tilegne sig viden om de subatomare partikler som det fysiske univers består af. Det var allerede kendt viden at disse partikler opstår og forsvinder igen og igen med en enorm hastighed. Denne forsker besluttede nu at udvikle et instrument som var i stand til at tælle hvor mange gange en partikel opstår og forsvinder på et sekund. Han kaldte meget passende instrumentet for et boblekammer, og han opdagede at en partikel opstår og forgår 10^{22} gange på et sekund.

Sandheden som denne forsker opdagede, var den samme som den Buddha opdagede, men alligevel var der en kæmpe forskel på dem! Nogle af mine amerikanske elever, der havde taget kurser i Indien, besøgte denne videnskabsmand efter de var vendt hjem. De fortalte mig at han var et helt almindeligt menneske, tynget af den samme lidelse som alle andre mennesker! På trods af at han havde opdaget denne virkelighed, var han ikke blevet befriet fra lidelse.

Nej, den videnskabsmand var ikke blevet en oplyst person og befriet fra al lidelse, eftersom han ikke havde erfaret sandheden selv. Det han havde lært, var stadig kun intellektuel visdom. Han troede på denne sandhed fordi han havde tillid til det instrument han havde opfundet, men han havde ikke *oplevet* sandheden selv.

Jeg har intet imod denne mand eller moderne videnskab. Men man skal ikke nøjes med at undersøge den ydre verden. Ligesom Buddha skal man undersøge den indre virkelighed for at opleve sandheden direkte. Når vi selv oplever sandheden, vil vi automatisk forandre sindets vanemønster og begynde at leve i overensstemmelse med sandheden. Alle handlinger begynder at tage retning efter vores eget og andres bedste. Hvis denne indre erfaring mangler, er der en tilbøjelighed til at videnskaben bliver misbrugt til destruktive formål. Men hvis vi undersøger den indre virkelighed, kan vi gøre brug af videnskaben på en positiv måde som er til gavn for alle.

Kapitel 3

DEN EGENTLIGE ÅRSAG

Den verden vi lever i, er ikke som den i eventyrene hvor man lever lykkeligt til sine dages ende. Vi kan ikke omgå det faktum at livet er uperfekt, utilfredsstillende og mangelfuldt – det faktum at der eksisterer lidelse.

I lyset af denne realitet, er det vigtigt for os at vide om lidelsen har en årsag, og hvis den har, om det er muligt at fjerne denne årsag. Hvis de omstændigheder som skaber vores lidelse bare er tilfældige hændelser som vi ikke har nogen kontrol over, eller indflydelse på, så er vi magtesløse, og kan ligeså godt opgive at forsøge at finde en vej ud af lidelsen. Eller hvis vores lidelse bliver dikteret af et almægtigt væsen, som handler enerådigt og uransageligt, så burde vi finde en måde at formilde dette væsen på, så det ikke længere vil forvolde os lidelse.

Buddha indså at vores lidelse ikke er et resultat af tilfældigheder; der ligger årsager til grund for den, på samme måde som der ligger årsager til grund for alle fænomener. Loven om årsag og virkning - **kamma** – er universel og grundlæggende for al eksistens. Og årsagerne ligger ikke uden for vores kontrol.

Kamma

Ordet *kamma* (eller, *karma,* den mere kendte form på sanskrit) fortolkes i populære sammenhænge som 'skæbne'. Desværre er denne betydning af ordet fuldstændigmodsat af det Buddha mente med *kamma.* Skæbne er noget der ligger uden for vores kontrol, styret af forsyn, det som er blevet forudbestemt for hver enkelt af os. *Kamma* betyder derimod helt bogstaveligt "handling". Vores egne handlinger er årsagerne til det vi oplever: "Alle væsner ejer deres handlinger, arver deres handlinger, opstår fra deres handlinger, er bundet til deres handlinger; deres handlinger er deres tilflugt. Sådan som deres handlinger er – usle eller ædle – sådan bliver deres liv."[12]

Alt hvad vi møder i livet, er et resultat af vores egne handlinger. Og som følge kan vi blive herre over vores egen skæbne ved at blive herre over vores handlinger. Vi er alle ansvarlige for de handlinger som giver ophav til vores lidelse. Og vi har allesammen mulighed for at stoppe lidelsen gennem vores handlinger. Buddha sagde:

Du er din egen herre,
Du skaber din egen fremtid.[13]

Men faktum er at vi ikke bevidste om vores handlinger. Vi er ligesom en mand, som aldrig har lært at køre bil, og som nu sidder bag rattet med bind for øjnene i høj fart på en stærkt trafikeret vej. Sandsynligheden for at han når frem til sin destination uden at komme ud for en ulykke er ikke særlig stor. Han tror måske det er ham som kører bilen, men i virkeligheden er det bilen som kører ham. Hvis han vil gøre sig forhåbninger om at nå frem, eller bare at undgå en ulykke, bør han hurtigst muligt tage af bindet fra øjnene, lære at køre bilen og køre uden om farerne. På samme måde bør vi alle blive bevidste om hvad det er vi gør, og lære at leve på en måde så vores handlinger fører os hen til det sted vi rent faktisk ønsker at komme hen.

Tre typer handlinger

Der findes tre typer handlinger: Fysiske, verbale og mentale. Normalt anser vi de fysiske handlinger for at være de vigtigste, de verbale for at være mindre vigtige og de mentale for at være mindst vigtige. At tæve en person forekommer os at være en mere alvorlig handling end at tale krænkende til ham, og begge anses som mere alvorlige end en uudtrykt modvilje mod denne person. Dette er selvfølgelig den opfattelse der ligger til grund for de menneskeskabte love i hvert land. Men ifølge Dhamma, naturloven, er mentale handlinger de vigtigste. Fysiske og verbale handlinger, som umiddelbart ligner hinanden, kan have helt forskellig betydning alt efter hvilken intention der ligger bag.

En kirurg bruger en skalpel til at udføre en akut operation for at redde et menneskes liv. Men operationen mislykkes, og som et resultat dør patienten. En morder bruger sin dolk til at stikke sit offer til døde. På et fysisk plan ligner deres handlinger hinanden og afstedkommer samme resultat. Men mentalt er de milevidt fra hinanden: Kirurgen handler ud af medfølelse og morderen ud af had. Det resultat som de hver især vil få, vil være helt forskelligt, eftersom deres intentioner er forskellige.

Det samme gælder for vores tale – hensigten er vigtigst. En mand skændes med sin kollega og overfuser ham og kalder ham et fjols. Han taler ud af vrede. Den samme mand ser sit barn lege i en mudderpøl og kalder kærligt barnet for et fjols. Han taler ud af kærlighed. I begge tilfælde bruges de samme ord, men til at udtrykke nærmest modsatte sindstilstande. Det er *hensigten* med vores ord som afgør resultatet.

Ord og handlinger er udelukkende konsekvenser af vores mentale handlinger. De kan kun bedømmes korrekt ud fra den hensigt de giver udtryk for. Det er *den mentale handling* som er den virkelige *kamma*, den årsag som giver resultat i fremtiden. Buddha forstod denne sandhed og forklarede:

Sindet går forud for alle fænomener,
sindet er vigtigst, alt er skabt af sindet.
Hvis du taler eller handler
med en urent sind,
så vil lidelsen følge dig
som vognhjulet følger foden på det trækkende dyr.
Hvis du taler eller handler,
med et rent sind
så vil lykken følge dig
som en skygge der aldrig forsvinder.[14]

Lidelsens årsag

Men hvilken del af den mentale proces, er det der bestemmer vores fremtid? Hvis sindet ikke består af andet end bevidsthed, evaluering, kropsfornemmelse og reaktion hvilken af disse er det så der resulterer i lidelse? De er alle til en vis grad involveret i lidelsesprocessen. Men de første tre er hovedsageligt passive. Bevidstheden modtager blot den uforarbejdede information, evalueringen anbringer informationen i en kategori og kropsfornemmelserne signalerer forekomsten af de to foregående trin. Disse tre har blot til opgave at fordøje den indkommende information. Men når sindet begynder at reagere, er der ikke længere tale om passivitet, men tiltrækning og frastødning, begær og modvilje.I Denne reaktion sætter en ny kæde af hændelser i gang. Reaktion, *saṅkhāra*, er altså begyndelsen på kæden. Det er derfor Buddha sagde:

> *Uanset hvilken lidelse der opstår,*
> *har den reaktion som sin årsag.*
> *Hvis alle reaktioner ophører*
> *så er der ikke mere lidelse.*[15]

Den egentlige *kamma*, den egentlige årsag til lidelse, er reaktionen i sindet. En enkelt kortvarig reaktion af at synes om eller at ikke synes om er muligvis ikke så stærk og sætter muligvis ikke så dybt et aftryk, men den kan have en akkumulerende effekt. Reaktionen gentages øjeblik efter øjeblik, intensiveres for hver gentagelse, og udvikler sig til begær eller modvilje. Dette er hvad Buddha i sin første prædiken kaldte for **taṇhā**, bogstavelig talt "tørst": Den mentale vane med umætteligt at længes efter det som der ikke er, og som giver en tilsvarende stor uhjælpelig utilfredshed med det som der er.[16] Og jo større længslen og utilfredsheden bliver, jo dybere bliver deres påvirkning af vores tænkning, vores tale og vores handlinger – og jo mere lidelse vil de medføre.

Buddha sagde at nogle reaktioner er som streger trukket på overfladen af vandet i en sø: Så snart de er trukket, forsvinder de igen. Andre er som linjer tegnet på en sandstrand: De tegnes om morgenen og er borte om aftenen, udvisket af tidevandet eller vinden. Andre er som streger banket ind i en klippevæg med hammer og mejsel: De vil blive udvisket i takt med at klippevæggen nedbrydes, men det vil tage meget lang tid før de forsvinder.[17]

I Ordet begær skal ikke kun forstås som seksuelt begær, men i en mere generel forstand. Dvs. når man vil have en anden oplevelse end den man har, og derved gør sindet ubalanceret. (Oversætternes kommentar).

Hvert øjeblik, hver eneste dag vi lever, bliver sindet ved med at skabe reaktioner. Hvis vi om aftenen tænker tilbage på den dag der er gået, så er det måske kun en eller to reaktioner, der har gjort særligt stort indtryk på os, som vi kan huske. Eller hvis vi i slutningen af måneden prøver at huske alle vores reaktioner, så er det kun de par stykker, der gjorde størst indtryk den måned, som vi kan komme i tanke om. Og ligeledes hvis vi i slutningen af året prøver at huske alle vores reaktioner, så er det kun de par stykker, der gjorde størst indtryk som vi kan huske. Sådanne dybe reaktioner er meget farlige og leder til enorm lidelse.

Det første skridt mod at bryde fri fra sådanne lidelser er at acceptere at de er virkelige, ikke som et filosofisk koncept, eller en trossætning, men som et reelt faktum, der påvirker hver enkelt af os i vores liv. Med denne accept og med en forståelse af hvad lidelse er og hvorfor vi lider, kan vi holde op med at blive kørt rundt med og i stedet begynde selv at tage styringen. Ved at lære at opleve vores egen natur direkte, styrer vi ind på den vej der fører ud af lidelse.

Spørgsmål og svar

SPØRGSMÅL: Er lidelse ikke en naturlig del af livet? Hvorfor skal vi prøve at slippe væk fra det?

S. N. GOENKA: Vi er blevet så vant til at lide at det virker unaturligt for os at blive fri fra det. Men når du oplever den ægte lykke i et rent sind, ved du at dette er den naturlige sindstilstand.

Kan oplevelsen af lidelse ikke forædle et menneske og hjælpe personen til at vokse som menneske?

Jo. Faktisk så bruger denne teknik bevidst lidelse som et værktøj til at gøre én til et ædelt menneske. Men det vil kun virke hvis du lærer at iagttage lidelse objektivt. Hvis du er bundet til din lidelse, vil oplevelsen ikke forædle dig, og du vil blive ved med at være ulykkelig.

Er det ikke en form for undertrykkelse at tage kontrol over vores handlinger?

Nej. Du lærer at iagttage det der sker objektivt. Hvis en person er vred og forsøger at skjule sin vrede og bider den i sig, så jo, det er undertrykkelse. Men ved at iagttage vreden så vil du opleve at den automatisk forsvinder. Du bliver fri fra vrede hvis du lærer hvordan man iagttager objektivt.

Hvis vi hele tiden iagttager os selv, hvordan kan vi så leve naturligt? Vi bliver så optaget af at iagttage os selv at vi ikke kan handle frit og spontant.

Det er ikke det folk oplever efter at have gennemført et meditationskursus. Her lærer du en mental øvelse som giver dig evnen til at iagttage dig selv i hverdagen, når du har brug for det. Det er ikke sådan at du vil blive ved med at øve dig dagen lang med lukkede øjne hele dit liv. Men på samme måde som du får noget styrke ved fysisk træning som hjælper dig i hverdagen, vil denne mentale øvelse også styrke dig. Det du kalder "frie, spontane handlinger" er i virkeligheden blinde reaktioner, og de er altid skadelige. Når du har lært at iagttage dig selv, vil du opdage at du kan bevare den mentale balance i svære situationer i livet. Med denne balance kan du frit vælge hvordan du vil handle. Du vil tage virkelig handling på en måde som altid er positiv og fordelagtig for dig selv og alle andre.

Er der ikke nogen tilfældige begivenheder, vilkårlige hændelser uden en årsag?

Ingenting sker uden en årsag. Det er ikke muligt. Nogle gange kan vores begrænsede forstand eller intellekt ikke finde den, men det betyder ikke at der ikke er en årsag.

Siger du at alt i livet er forudbestemt?

Altså, vores tidligere handlinger vil helt sikkert bære frugt – gode eller dårlige. De vil bestemme hvilken type af liv vi har og hvilken overordnet situation vi befinder os i. Men det betyder ikke at alt hvad der sker er forudbestemt, fastlagt af vores tidligere handlinger og at der ikke kan ske noget andet. Sådan forholder det sig ikke. Vores tidligere handlinger bestemmer strømmen i vores liv, og leder den mod behagelige eller ubehagelige oplevelser. Men de nutidige handlingerne er lige så vigtige. Naturen har givet os evnen til at blive herrer over vores handlinger her og nu. Med den beherskelse kan vi ændre vores fremtid.

Men andres handlinger påvirker os vel også?

Selvfølgelig. Vi bliver påvirket af folkene omkring os og af vores miljø, og vi påvirker også dem. Hvis flertallet for eksempel går ind for vold, vil der som en følgevirkning komme krig og ødelæggelse, og så vil mange lide. Men hvis folk begynder at rense deres sind, kan der ikke opstå vold. Roden til problemet ligger i sindet hos hvert enkelt individ, eftersom samfundet består af individer. Hvis hvert enkelt menneske begynder at forandre sig, så vil samfundet også ændre sig, og der vil sjældent komme krig og ødelæggelse.

Hvordan kan vi hjælpe hinanden, hvis hver enkelt person er nødt til at stå ansigt til ansigt med resultatet af sine egne handlinger?

Vores egne mentale handlinger påvirker andre. Hvis vi udvikler en masse negativitet i sindet, så har den negativitet en skadelig påvirkning på dem vi kommer i kontakt med. Hvis vi fylder sindet med positivitet, med velvilje over for andre, så vil den have en positiv påvirkning på dem som er omkring os. Du kan ikke kontrollere andres handlinger, andres *kamma*, men du kan blive din egen herre og have en positiv indflydelse på dine omgivelser.

Hvorfor er det at være velhavende god karma? Hvis det er, betyder det så at de fleste mennesker i Vesten har god karma, og de fleste mennesker i den tredje verden har dårlig karma?

Rigdom er ikke i sig selv god karma. Hvis du bliver velhavende, men bliver ved med at være ulykkelig, hvad er så formålet med denne rigdom? At være velhavende og lykkelig – ægte lykkelig – det er god karma. Det vigtigste er at være lykkelig, uanset om du er velhavende eller ej.

Det er da unormalt aldrig at reagere?

Sådan kan det godt virke hvis du kun har oplevet det negative vanemønster som kendetegner et urent sind. Men det er normalt for et rent sind at forblive ubundet, fyldt med kærlighed, medfølelse, velvilje, glæde, sindsligevægt. Lær at opleve det.

Hvordan kan vi fungere i livet hvis ikke vi reagerer?

I stedet for at reagere lærer du at tage handling, at tage handling med et balanceret sind. Vipassana-mediterende bliver ikke omdannet til grøntsager der forholder sig passivt til alt. De lærer at handle positivt. Hvis du kan forandre dit livsmønster fra at reagere til at handle, så har du opnået noget meget værdifuldt. Og du kan forandre det ved at praktisere Vipassana.

Frøet og frugten

Som årsagen er, vil virkningen blive. Som frøet er, vil frugten blive. Som handlingen, vil resultatet blive.

En bonde planter to frø i den samme jord. Det ene er et frø fra et sukkerrør og det andet er et frø fra et *neem*træ, som er et meget bittert tropisk træ. To frø i den samme jord. De får den samme mængde vand, den samme mængde sol, den samme luft og naturen giver den samme næring til begge. Der dukker to små planter op, som begynder at gro. Og hvad er der sket med *neem*træet? Hvert eneste fiber er blevet bittert. Og i sukkerrøret er hvert eneste fiber blevet sødt. Hvorfor er naturen – eller man kunne sige Gud, hvis man foretrækker det – så venlig over for den ene, og så ond mod den anden?

Nej, naturen er hverken venlig eller ond. Naturen fungerer efter fastsatte love. Naturen hjælper bare frøets egenskaber med at manifestere sig. Næringen hjælper blot frøet til at udtrykke de latente egenskaber som frøet selv har. Den latente egenskab i et sukkerrørsfrø er sødme, og derfor kommer planten udelukkende til at have sødme i sig. Den latente egenskab i *neem*træets frø er bitterhed, og derfor kommer planten udelukkende til at have bitterhed i sig. Som frøet er, vil frugten blive.

Bonden går hen til *neem*træet, bukker tre gange, går rundt om det 108 gange, og ofrer derefter blomster, røgelse, stearinlys, frugt og søde sager. Herefter begynder han at bede: ”Åh *neem*-gud, vær venlig og giv mig søde mangoer, jeg vil have søde mangoer!” Stakkels *neem*-gud, han kan ikke give søde mangoer, han har ingen magt til at give dem. Hvis man vil have søde mangoer, så må man plante et mangofrø. Så behøver man ikke at græde eller bede om hjælp fra andre. Man vil ikke høste andet end søde mangoer. Som frøet er, vil frugten blive.

Vores problem og vores uvidenhed er, at vi bliver ved med at være uopmærksomme mens vi planter frøene. Vi bliver ved med at plante *neem*frø, og når det så er tid til at høste, kommer vi pludselig i tanke om at vi vil have søde mangoer. Og så begynder vi at græde, bede og håbe på søde mangoer. Det virker ikke.[18]

Kapitel 4

PROBLEMETS ROD

"Sandheden om lidelse," sagde Buddha, "må udforskes hele vejen til lidelsens ophør."[19] Natten før han blev oplyst, satte han sig ned med beslutningen om ikke at rejse sig før han havde forstået, hvordan lidelse opstår og hvordan den kan rives op med rødderne.

Hvad er lidelse?

Det stod klart for ham at lidelse eksisterer. Dette er et uundgåeligt faktum, uanset hvor ubekvemt det måtte være. Lidelse begynder ved livets begyndelse. Vi har ingen erindring om tilværelsen i livmoderen, men for de flestes vedkommende, kommer vi grædende ud når vi forlader den. Fødslen er et stort traume.

Efter at livet er påbegyndt, er vi alle sikre på at møde den lidelse som sygdom og alderdom fører med sig. Og uanset hvor syge, skrøbelige og affældige vi bliver, har vi ikke lyst til at dø, eftersom at også døden er en stor lidelse.

Alle levende væsner kommer til at møde disse lidelser. Og efterhånden som vi går gennem livet, vil vi også møde andre former for lidelse – forskellige former for fysisk og mental smerte. Vi bliver viklet ind i det ubehagelige og adskilt fra det behagelige. Vi får ikke det vi vil have, og får i stedet noget vi ikke vil have. Alle disse situationer er lidelse.

Disse eksempler på lidelse er ret indlysende, hvis man tænker efter. Men den kommende Buddha var ikke tilfreds med de begrænsede forklaringer som intellektet kan give. Han fortsatte undersøgelsen af sig selv indvendig for at opleve lidelsens virkelige karakter, og han opdagede, at "tilknytning til de fem aggregater er lidelse."[20] På et meget dybt plan er lidelse den ubeherskede tilknytning som vi alle har udviklet til kroppen og til sindet, med dets bevidstheder, evalueringer, kropsfornemmelser og reaktioner. Folk knytter sig stærkt til deres identitet – deres mentale og fysiske eksistens – selvom der i virkeligheden ikke findes andet end fremadskridende processer. Denne tilknytning til en illusorisk forestilling om én selv, til noget som i virkeligheden forandres konstant, er lidelse.

Tilknytning

Der findes flere forskellige former for tilknytning. For det første er der tilknytningen til at søge sanselige nydelser. En misbruger tager stoffer fordi han vil have den behagelige kropsfornemmelse, som stofferne giver ham, selvom han ved, at han derved forstærker sin afhængighed. På samme måde er vi alle afhængige af at længes. Så snart et begær er tilfredsstillet, skaber vi et nyt. Det vi begærer er underordnet – faktum er, at vi konstant ønsker at beholde tilstanden af begær, længsel, fordi dette begær giver os en behagelig kropsfornemmelse som vi ønsker at forlænge. Begær bliver til en vane som vi ikke kan bryde, en afhængighed. Og ligesom en misbruger gradvist udvikler tolerance overfor stoffer, og har brug for større doser for at opnå beruselse, bliver vores begær gradvist forstærket, jo mere vi forsøger at indfri det. På denne måde kan vi aldrig nå frem til slutningen på begæret. Og så længe vi begærer, kan vi aldrig være lykkelige.

En anden stor tilknytning er til "jeget", egoet, den forestilling vi har om os selv. For hver og én af os er "jeg" den vigtigste person i verden. Vi opfører os som en magnet der er omgivet af jernspåner: Den organiserer automatisk spånerne i mønstre der er centreret omkring den selv. Med en tilsvarende mangel på refleksion, forsøger vi alle instinktivt at organisere verden efter vores egne ønsker; vi forsøger at tiltrække det behagelige og afværge det ubehagelige. Men ingen af os er alene i verden – ét "jeg" kan være sikker på at komme i konflikt med et andet. Mønstrene vi hver især forsøger at skabe, bliver forstyrret af andres magnetiske felter, og vi bliver selv til genstand for tiltrækning eller frastødning. Resultatet kan kun blive ulykkelighed, lidelse.

Vi begrænser heller ikke tilknytningen til "jeg"; vi udvider den til "mit" – det som tilhører mig. Vi udvikler en stærk tilknytning til det vi ejer, fordi vi associerer det med os selv og det støtter vores forestilling om "mig". Denne tilknytning ville ikke medføre nogle problemer hvis det vi kalder for "mit" var evigt, og "jeget" kunne fortsætte med at nyde det for evigt. Men realiteten er at "jeget" før eller siden vil blive adskilt fra det der er "mit". Adskillelsen kan ikke undgås, og jo større tilknytning der er til "mit", jo større lidelse vil det medføre når den indfinder sig.

Og tilknytningen strækker sig længere endnu – til vores holdninger og det vi tror på. Uanset hvad vores holdninger indeholder, og om de er rigtige eller forkerte, vil de gøre os ulykkelige, hvis vi er bundet til dem. Vi er alle overbeviste om, at vores egne holdninger og traditioner er de bedste, og bliver meget påvirkede, når nogen kritiserer dem. Hvis vi forsøger at forklare vores holdninger, og andre ikke godtager dem, bliver vi oprevne. Vi indser ikke, at hver enkelt person har sin egen tro. Det er formålsløst at diskutere hvilket synspunkt der er det rigtige – det ville være mere hensigtsmæssigt at lægge de forudfattede opfattelser til side og prøve at se virkeligheden. Men det forhindrer vores tilknytning til vores synspunkter os i at gøre, og som et resultat bliver vi fastholdt i vores ulykke.

Til sidst er der tilknytning til religiøse skikke og ceremonier. Vi har en tendens til at lægge mere vægt på de ydre aspekter af religionen end deres bagvedliggende betydning, og synes ikke at man kan være en religiøs person, hvis ikke man følger disse ydre forskrifter. Vi glemmer at religionens ydre former bare er en tom skal hvis de praktiseres uden forståelse for religionens essens. At fremsige bønner eller udføre ceremonier forekommer værdiløst, hvis sindet bliver ved med at være fyldt med vrede, seksuel lyst og modvilje. For at være religiøse på en ægte måde, må vi udvikle en religiøs attitude: Renhed i hjertet, kærlighed og medfølelse for alle. Men vores tilknytning til de ydre religiøse aspekter medfører at vi forstår religionen på en meget bogstavelig måde, frem for at forstå ånden i den. Vi overser religionens kerne og forbliver ulykkelige.

Alle vores lidelser, hvad end de måtte være, er forbundet til en af disse tilknytninger. Tilknytning og lidelse går altid hånd i hånd.

Betinget opståen: Kæden af årsag og virkning som skaber lidelse

Hvad skaber tilknytning? Hvordan opstår det? Ved at analysere sin egen natur, opdagede den kommende Buddha at tilknytning skabes på grund af de kortvarige *mentale* reaktioner af behag og ubehag. En kort, ubevidst reaktion i sindet bliver gentaget og forstærket i hvert øjeblik, og udvikler sig til en stærk tiltrækning og frastødning og til alle vores tilknytninger. Tilknytning er blot en udviklet form af den korte reaktion. Dette er den egentlige årsag til lidelse.

Hvad forårsager reaktioner af at synes om og ikke at synes om? Ved at se dybere, opdagede han at disse reaktioner opstår på grund af *kropsfornemmelser*. Vi mærker en behagelig fornemmelse i kroppen og synes om den, eller vi mærker en ubehagelig fornemmelse i kroppen og synes ikke om den.

Hvorfor disse kropsfornemmelser? Hvad forårsager dem? Ved at gå endnu dybere i sig selv, opdagede han at de opstår på grund af *kontakt*: Øjets kontakt med noget visuelt, ørets kontakt med en lyd, næsens kontakt med en lugt, tungens kontakt med en smag, kroppens kontakt med noget man kan mærke og sindets kontakt med en tanke, følelse, idé, forestilling eller et minde. Vi oplever verden igennem de fem fysiske sanser og sindet. Når en genstand eller et fænomen kommer i kontakt med en af disse seks sanseindgange, opstår der en fornemmelse, behagelig eller ubehagelig.

Og hvorfor opstår der så kontakt til at starte med? Den kommende Buddha indså at der vil opstå kontakt fordi *de seks sanseindgange* – de fem fysiske og sindet – eksisterer. Verden er fyldt med et utal af fænomener: Syn, lyde, lugte, smage, genstande, forskellige tanker og følelser. Så længe vores modtagere fungerer, vil der opstå kontakt.

Hvorfor eksisterer disse seks sansedøre så? Fordi de er centrale dele af strømmen af sind og materie. Og hvorfor denne strøm af sind og materie? Hvad får den til at opstå? Den kommende Buddha forstod at processen opstår på grund af *bevidsthed*, en bevidsthed som adskiller verden i den som oplever og det som opleves, subjekt og objekt, "jeg" og "andre". Af denne adskillelse opstår der identitet, "fødsel". Hvert øjeblik opstår der en bevidsthed som antager en bestemt mental og fysisk form. I næste øjeblik antager den en lidt anderledes form. I hele ens levetid strømmer og forandres bevidstheden. Til sidst kommer døden, men bevidstheden ophører ikke der: Uden noget mellemrum, i det næste øjeblik, antager den en ny form. Fra én eksistens til den næste, liv efter liv, fortsætter strømmen af bevidsthed.

Hvad er det så der forårsager denne strøm af bevidsthed? Han indså at den opstår på grund af *reaktioner*. Sindet reagerer konstant, og hver reaktion giver et skub til strømmen af bevidsthed, så den fortsætter i næste øjeblik. Jo stærkere en reaktion er, jo stærkere et skub giver den. En kortvarig, mindre reaktion opretholder kun strømmen af bevidsthed i et lille øjeblik. Men hvis den kortvarige reaktion af at synes om og ikke synes om forstærkes til begær og modvilje, tager den til i styrke, og opretholder strømmen af bevidsthed i mange øjeblikke, minutter og timer.

Og hvis reaktionen af begær og modvilje forstærkes yderligere, opretholdes strømmen i dage, i måneder og måske i år. Og hvis man livet igennem fortsætter med at gentage og forstærke visse reaktioner, udvikler de ikke bare nok styrke til at opretholde strømmen af bevidsthed fra et øjeblik til det næste, fra en dag til den næste, fra et år til det næste, men fra et liv til det næste.

Og hvad forårsager disse reaktioner? Ved at iagttage virkeligheden på det dybeste plan, forstod han at disse reaktioner opstår på grund af *uvidenhed*. Vi er uvidende om at vi reagerer, og uvidende om den virkelige natur af det vi reagerer på. Vi er uvidende om den foranderlige, upersonlige natur som karakteriserer vores eksistens, og uvidende om at tilknytning til den ikke bringer andet end lidelse med sig. Vi reagerer blindt fordi vi ikke kender vores egentlige natur. Eftersom vi ikke engang ved at vi har reageret, fortsætter vi med vores blinde reaktioner og tillader dem at vokse i styrke. Således bliver vi på grund af uvidenhed fanget ind i vanen med at reagere. Det er på denne måde at *lidelsens hjul* begynder at dreje rundt:

Hvis der opstår uvidenhed, opstår der reaktion;
hvis der opstår reaktion, opstår der bevidsthed;
hvis der opstår bevidsthed, opstår sindet og kroppen;
hvis sindet og kroppen opstår, opstår de seks sansedøre;
hvis de seks sansedøre opstår, opstår der kontakt;
hvis der opstår kontakt, opstår der kropsfornemmelser;
hvis der opstår kropsfornemmelse, opstår der begær og modvilje;
hvis der opstår begær og modvilje, opstår der tilknytning;
hvis der opstår tilknytning, opstår tilblivelsesprocessen;
hvis tilblivelsesprocessen opstår, opstår der fødsel;
hvis der opstår fødsel, opstår der forfald og død, sammen med sorg, klagen, fysisk og mental lidelse samt modgange af enhver art.

Således opstår hele dette bjerg af lidelse.[21]

Denne kæde af årsag og virkning – betinget opståen – har ført til vores nuværende eksistens, og fører også til at der venter os en lidelsesfuld fremtid.

Til sidst var sandheden tydelig for ham: Lidelse begynder med uvidenhed om virkeligheden om vores sande natur, om det fænomen vi kalder "jeg". Og den næste årsag til lidelse er *saṅkhāra*, den mentale vane med at reagere. Forblindet af uvidenhed, skaber vi reaktioner af begær og modvilje, som udvikler sig til tilknytning, der fører til alle mulige former for ulykkelighed. Vanen med at reagere er *kamma*, de handlinger der skaber vores fremtid. Og reaktionerne opstår kun på grund af uvidenhed om vores sande natur. Uvidenhed, begær og modvilje er de tre rødder, som alle vores lidelser i livet vokser ud fra.

Vejen ud af lidelse

Efter at have forstået lidelsen og hvordan den opstår, stod den kommende Buddha over for det næste spørgsmål: Hvordan kan lidelse bringes til ophør? Han huskede loven om *kamma*, om årsag og virkning: "Hvis det her eksisterer, opstår det der; det der opstår fordi det her er opstået. Hvis det her ikke eksisterer, opstår det der ikke; det der ophører på grund af ophøret af det her."[22]

Ingenting sker uden en årsag. Hvis årsagen fjernes vil der ikke være nogen virkning. På denne måde kan skabelsen af lidelsesprocessen blive tilbageført:

Hvis uvidenhed fjernes og fuldstændig ophører, ophører reaktion;
hvis reaktion ophører, ophører bevidsthed;
hvis bevidsthed ophører, ophører sind og krop;
hvis sind og krop ophører, ophører de seks sansedøre;
hvis de seks sansedøre ophører, ophører kontakt;
hvis kontakt ophører, ophører kropsfornemmelse;
hvis kropsfornemmelse ophører, ophører begær og modvilje;
hvis begær og modvilje ophører, ophører tilknytning;
hvis tilknytning ophører, ophører tilblivelsesprocessen;
hvis tilblivelsesprocessen ophører, ophører fødsel;
hvis fødsel ophører, ophører forfald og død, sammen med sorg, klagen, fysisk og mental smerte samt modgange af enhver art.

Således ophører hele dette bjerg af lidelse.[4]

Hvis vi stopper uvidenheden, vil der ikke være nogle blinde reaktioner der bringer forskellige former for lidelse med sig. Og hvis der ikke er mere lidelse, vil vi føle ægte fred og ægte lykke. *Lidelsens hjul* kan blive til *befrielsens hjul.*

Det var det Siddhattha Gotama gjorde for at opnå oplysning. Og det var det han underviste andre i. Han sagde:

Ved selv at handle forkert,
forurener du dig selv.
Ved ikke at handle forkert,
renser du dig selv.[24]

Vi er hver især ansvarlige for de reaktioner der medfører vores lidelse. Ved at acceptere vores ansvar, kan vi lære hvordan vi fjerner lidelsen.

Strømmen af eksistenser

Med kæden af betinget opståen, forklarede Buddha genfødselsprocessen eller **saṃsāra**. Dette koncept var alment accepteret i

Indien på hans tid. For mange mennesker i dag kan det virke som en fremmed og måske ulogisk doktrin. Men før man accepterer eller afviser det, bør man forstå hvad det er og hvad det ikke er. *Saṃsāra* er en cyklus af gentagne eksistenser, en række af tidligere og fremtidige liv. Vores handlinger er den kraft der driver os ind i det ene liv efter det andet. Hvert liv, godt eller skidt, vil være som vores handlinger var, ædle eller uædle. Denne lære er ikke grundlæggende anderledes end hvad man møder i mange religioner: At vi i en fremtidig eksistens skal modtage en straf eller belønning for vores handlinger i dette liv. Buddha havde imidlertid fundet frem til, at der selv i de mest ekstatiske eksistenser findes lidelse. Derfor bør vi ikke stræbe efter en lykkelig genfødsel, eftersom at ingen genfødsel er helt lykkelig. Vores mål bør i stedet være befrielse fra al lidelse. Når vi befrier os selv fra lidelsens cyklus, oplever vi en ren lykke som er større end nogen jordisk nydelse. Buddha underviste i en vej hvor man kan opleve en sådan lykke i det nuværende liv.

Saṃsāra betegner ikke, som mange ellers tror, at der foregår en sjælevandring, hvor en sjæl eller et selv har en statisk identitet gennem gentagne inkarnationer. Buddha sagde, at det netop er det der *ikke* sker. Han fastholdt at der ikke er nogen uforanderlig identitet som går videre fra liv til liv: "Det er ligesom mælk der kommer fra koen; fra mælk kommer der fløde: fra fløde – smør; fra frisk smør – klaret smør. Når det er mælk, ser man det ikke som fløde, frisk smør, eller klaret smør. På samme måde er det kun den nuværende eksistens som anses for at være virkelig, og ikke en tidligere eller fremtidig en."[25]

Buddha påstod ikke at et uforanderligt jeg genfødes i gentagne liv, og heller ikke at der ikke er tidligere eller fremtidige eksistenser. Derimod havde han fundet frem til, og underviste i, at det kun er selve tilblivelsesprocessen der fortsætter fra liv til liv, så længe vores handlinger giver drivkraft til processen.

Selv hvis man ikke tror på andre eksistenser end den nuværende, er hjulet af betinget opståen stadig relevant. Hvert øjeblik hvor vi er uvidende om vores blinde reaktioner, skaber vi lidelse som vi oplever i selvsamme øjeblik. Hvis vi fjerner uvidenheden og holder op med at reagere blindt, opstår der en fred som man oplever med det samme. Himlen og helvedet eksisterer lige her og nu; de kan opleves i dette liv, inde i kroppen. Buddha sagde: "Selv hvis (man tror) der ikke findes nogen anden verden, ingen fremtidig belønning for gode handlinger, eller straf for onde handlinger, kan man i dette liv leve lykkeligt ved at holde sig fri fra had, ond vilje og bekymring."[26]

Uanset om man tror eller ikke tror på tidligere eller fremtidige eksistenser, står man stadig over for de problemer man har i dette liv – problemer som er forårsaget af vores blinde reaktioner. Det vigtigste for os lige nu er at løse disse problemer, at tage skridt der vil gøre en ende på vores lidelse ved at bryde vanen med at reagere og at opleve befrielsens lykke her og nu.

Spørgsmål og Svar

SPØRGSMÅL: Kan der ikke være gavnlige former for begær og modvilje – for eksempel at hade uretfærdighed, at ønske frihed, eller at frygte fysisk skade?

S. N. GOENKA: Modvilje og begær kan aldrig være gavnligt. Hvis du handler med begær eller modvilje i sindet, så har du måske et værdigt mål, men du anvender et skadeligt middel til at nå det. Selvfølgelig skal du handle for at beskytte dig selv for fare. Det kan du selvfølgelig godt gøre mens du er overmandet af frygt, men ved at handle sådan udvikler du et frygtkompleks, der vil skade dig i det lange løb.

Eller måske bekæmper du succesfuldt uretfærdighed med had i sindet, men det had vil blive et skadeligt mentalt kompleks. Du er nødt til at bekæmpe uretfærdighed og du er nødt til at beskytte dig selv for fare, men du kan gøre det med et balanceret sind uden spændinger. Og med et balanceret sind kan du arbejde for at opnå noget godt, ud af kærlighed til andre. Sindsbalance er altid nyttigt og vil give de bedste resultater.

Hvad er der i vejen med at ønske materielle ting for at gøre livet mere bekvemt?

Hvis det er et virkeligt behov, er der ingenting i vejen med det, forudsat at du ikke bliver tilknyttet til det. Hvis du for eksempel er tørstig og vil have vand; det er der ikke noget skadeligt i. Du har brug for vand, så du gør en indsats for at få det, får det og får slukket din tørst. Men hvis det bliver en besættelse, så hjælper det ikke; det skader dig. Gør dit bedste for at få de fornødenheder du har brug for. Hvis det ikke lykkes at få noget, så smil og prøv på en anden måde. Hvis det lykkes så nyd det, men uden tilknytning.

Hvad med planer for fremtiden? Vil du kalde det begær?

Kriteriet er igen om du er knyttet til din plan. Alle må sørge for fremtiden. Hvis din plan mislykkes og du begynder at græde, så ved du at du var knyttet til den. Men hvis planen mislykkes og du stadig kan smile, mens du tænker: ”Tja, jeg gjorde mit bedste. Det mislykkedes – og hva' så? Jeg prøver bare igen!" – så arbejder du på en ubundet måde og er stadig glad.

At stoppe hjulet af betinget opståen lyder som selvmord og selvudslettelse. Hvorfor skulle vi ønske det?

At søge udslettelse af sit liv er skadeligt, ligesom begæret efter at holde fast i livet også er det. Men i stedet lærer man at lade naturen gøre sit arbejde uden begær efter noget, ikke engang befrielse.

Men du sagde at når kæden af saṇkhāras endelig stopper, så stopper genfødsel.

Ja, men det kommer langt senere. Beskæftig dig med det nuværende liv! Lad være med at bekymre dig om fremtiden. Sørg for at det nuværende er godt og så vil fremtiden automatisk blive god. Det er ganske sikkert at når alle *saṇkhāras*, der er ansvarlige for nye inkarnationer er fjernet, så stopper livs- og dødsprocessen.

Men er det ikke udslettelse, tilintetgørelse?

Tilintetgørelse af illusionen om jeg'et; udslettelsen af lidelse. Det er det ordet *nibbāna* betyder: Slukning af branden. Man brænder konstant i begær, modvilje, uvidenhed. Når branden slukkes, stopper lidelsen. Så det der er tilbage, er kun positivt. Men det er ikke muligt at beskrive det med ord, fordi det ligger uden for det sensoriske felt. Det må opleves i dette liv; så ved du hvad det er. Så forsvinder frygten for udslettelse.

Hvad sker der med bevidstheden så?

Hvorfor bekymre sig om det? Det vil ikke hjælpe dig at spekulere på noget som kun kan opleves, og ikke beskrives. Dette vil kun distrahere dig fra dit egentlige mål, hvilket er at arbejde på at nå dertil. Når du når det stadie vil du nyde det, og alle spørgsmål vil forsvinde. Du vil ikke have flere spørgsmål! Arbejd på at nå det stadie.

Hvordan kan verden fungere uden tilknytning? Hvis forældre var ubundne, så ville de ikke engang tage sig af deres børn. Hvordan er det muligt at elske, eller at leve et aktivt liv uden at have tilknytning?

Ubundethed betyder ikke ligegyldighed; det kaldes med rette: "hellig ligegyldighed." Som forælder er du nødt til at tage dit ansvar på dig og tage dig af dit barn med al din kærlighed, men uden at klamre dig fast. Du gør din pligt ud af kærlighed. Lad os sige du tager dig af en syg person og på trods af al din kærlighed bliver han ikke rask. Du begynder ikke at græde; det ville ikke hjælpe noget. Med et balanceret sind prøver du at finde en anden måde at hjælpe ham på. Dette er hellig ligegyldighed: Hverken passivitet eller reaktion, men ægte, positiv handling med et balanceret sind.

Meget svært!

Ja, men det er det du må lære!

Småsten og smeltet smør

En dag kom en ung mand grædende hen til Buddha. Han græd og græd, og kunne ikke stoppe. Buddha spurgte ham: "Hvad er der i vejen, unge mand?"

"Min gamle far døde i går."

"Okay, men det kan du jo ikke ændre på? Du kan ikke få ham tilbage ved at græde."

"Jo, den er jeg helt med på; jeg kan ikke få min far tilbage ved at græde. Men jeg er kommet til dig fordi jeg har noget særligt jeg gerne vil bede dig om: Vær sød at gøre noget for min døde far!"

"Hvad for noget? Hvad kan jeg gøre for din døde far?"

"Mester, jeg beder dig om at gøre noget. Du er sådan en mægtig person, du kan helt sikkert gøre noget. Hør her, alle de her præster, pardoner og almissesamlere udfører alle mulige former for riter og ritualer for at hjælpe de døde. Og så snart at ritualet er udført, åbnes porten til himmeriget, og den døde person får lov at komme ind; han får et indrejsevisum. Mester, du er så mægtig! Hvis *du* udfører et ritual for min far, så får han ikke bare et indrejsevisum, han får permanent opholdstilladelse, et greencard! Jeg beder dig mester, gør noget for ham!"

Den stakkels fyr var så overvældet af sorg, at han ikke kunne følge et fornuftigt ræsonnement. Buddha var nødt til at bruge en anden metode for at få ham til at forstå. Så han sagde til ham, "Godt. Tag hen til markedspladsen og køb to lerkrukker." Den unge mand blev rigtig glad, og tænkte at Buddha havde indvilget i at udføre et ritual for hans far. Han skyndte sig hen til markedspladsen, og kom tilbage med to krukker. "Okay," sagde Buddha, "fyld den ene med smeltet smør." Det gjorde den unge mand. "Fyld den anden med småsten." Det gjorde han også. "Luk dem nu til; forsegl dem omhyggeligt." Det gjorde han. "Læg dem så ned i dammen derovre." Det gjorde den unge mand, og begge krukker sank ned til bunden. "Nu," sagde Buddha, "tager du en kraftig kæp og slår krukkerne i stykker." Den unge mand var virkelig glad, og tænkte at Buddha var ved at udføre et pragtfuldt ritual for hans far.

En gammel indisk skik foreskriver, at når en mand dør, skal sønnen eskortere hans lig til kremeringen, placere det på ligbålet og brænde det. Når kroppen er halvt brændt, tager sønnen en kraftig kæp og slår kraniet i stykker. Og ifølge den gamle overbevisning åbnes porten til himmeriget, når kraniet på jorden bliver slået i stykker. Den unge mand sagde til sig selv: "Min gamle fars lig blev brændt i går. Og nu vil Buddha have at jeg som et symbol skal slå de her krukker i stykker!" Han var godt tilfreds med ritualet.

Han tog en kæp som Buddha sagde, og slog hårdt til krukkerne, så de gik i stykker. Det smeltede smør, der var i den ene krukke, steg med det samme op og begyndte at flyde på overfladen af dammen. Småstenene i den anden krukke faldt ud og blev på bunden. Så sagde Buddha: "Ja, unge mand, så har jeg gjort min del. Kald nu på alle dine præster og mirakelmagere og bed dem om at messe og bede: 'Åh småsten, kom op, kom op! Åh smør, synk ned, synk ned! Lad os se hvad der så sker."

"Ej mester, nu gør du grin med mig! Hvordan skulle det være muligt? Småstenene er jo tungere end vand, de vil blive på bunden. Smørret er lettere end vand, det vil forblive på overfladen. Det kan ikke synke: Sådan er naturens lov!"

"Unge mand, du ved så meget om naturloven, og alligevel vil du ikke forstå denne enkle naturlov: Hvis din far i hele sit liv har udført handlinger, der var tunge som sten, så vil han synke ned; hvem kan hive ham op? Og hvis alle hans handlinger var lette som dette smør, så vil han stige opad; hvem kan trække ham ned?

Jo før vi forstår naturloven og begynder at leve i overensstemmelse med den, jo hurtigere kommer vi ud af vores lidelse.[27]

Kapitel 5

TRÆNING I MORAL

Vores opgave er at fjerne lidelse ved at fjerne lidelsens årsager: Uvidenhed, begær og modvilje. Buddha opdagede, fulgte og underviste i en praktisk vej til dette opnåelige mål. Han kaldte denne vej for den ædle ottefoldige vej.

Engang blev Buddha bedt om at forklare vejen på en enkel måde. Han sagde:

"Afstå fra alle skadelige handlinger,
udfør gavnlige handlinger,
rens dit sind" –
dette er de oplystes lære.[28]

Dette er en meget tydelig forklaring som virker acceptabel for alle; alle er enige i at vi bør undgå handlinger som er skadelige, og udføre handlinger der er gavnlige. Men hvordan definerer man hvad der er gavnligt eller skadeligt, gunstigt eller ugunstigt? Når vi forsøger at gøre dette, baserer vi definitionen på vores synspunkter, vores traditionelle overbevisninger, vores præferencer og fordomme, og kommer derfor frem til snævre, sekteriske definitioner, som er acceptable for nogle og uacceptable for andre. I stedet for sådanne snævre fortolkninger, tilbød Buddha en universel definition af gavnligt og skadeligt, af fromhed og synd: Enhver handling der sårer eller skader andre, der forstyrrer deres fred og harmoni, er en syndig handling, en skadelig handling. Enhver handling der hjælper andre, der bidrager til deres fred og harmoni, er en from handling, en gavnlig handling. Endvidere renses sindet ikke ved at udføre religiøse ceremonier eller intellektuelle øvelser, men ved at opleve virkeligheden om én selv direkte, og at arbejde systematisk for at fjerne den betingning som giver ophav til lidelse.

Den ædle ottefoldige vej kan inddeles i tre øvelser: **Sīla, samādhi** og **paññā.** *Sīla* er øvelse i moral, at afholde sig fra skadelige fysiske og verbale handlinger. *Samādhi* er øvelse i koncentration, at udvikle evnen til bevidst at kunne styre og kontrollere sine mentale processer. *Paññā* er visdom, at udvikle en rensende indsigt om sin egen natur.

Værdien i moralsk praksis

Enhver der ønsker at praktisere Dhamma må begynde med at praktisere *sīla.* Dette er det første skridt, og uden det, kan man ikke gøre fremskridt. Vi er nødt til at afholde os fra alle handlinger, ord og gerninger, der sårer eller skader andre mennesker.

Det er ret indlysende at det i et samfund er nødvendigt med en sådan adfærd, hvis vi skal undgå at forstyrre hinanden. Men faktisk afholder vi os ikke kun fra sådanne handlinger, fordi de forstyrrer andre, men også fordi de forstyrrer os selv. Det er ikke muligt at begå en skadelig handling – at fornærme, slå ihjel, stjæle, eller voldtage uden at udvikle stor ophidselse og uro i sindet, stort begær, stor modvilje. Dette øjebliks begær eller modvilje bringer ulykke her og nu, og yderligere ulykke i fremtiden. Buddha sagde:

Han brænder nu, han brænder i fremtiden,
skadegøreren lider dobbelt...
Han er lykkelig nu, lykkelig i fremtiden,
Den dydige glædes dobbelt.[29]

Vi behøver ikke at vente til efter døden for at opleve himlen og helvedet; vi kan opleve begge dele i dette liv, inde i os selv. Når vi begår skadelige handlinger, oplever vi helvedesilden i form af begær og modvilje. Når vi udfører gavnlige handlinger, oplever vi himlen i form af indre fred. Derfor er det ikke bare til gavn for andre, men også til gavn for os selv, fordi vi undgår at skade os selv, at vi afholder os fra skadelige ord og handlinger.

Der er også en anden grund til at begynde at praktisere *sīla.* Vi ønsker at undersøge os selv, at få indsigt i dybderne af vores virkelighed. At gøre dette kræver et meget stille og ligevægtigt sind. Det er ikke muligt at se ned i dybderne af en sø, når den er urolig. Introspektion kræver et ligevægtigt sind, uden uro. Hver gang man begår en skadelig handling oversvømmes sindet af uro. Det er kun når man afholder sig fra alle skadelige fysiske og verbale handlinger, at sindet bliver fredfyldt nok til at introspektionen kan begynde.

Der er endnu en grund til at *sīla* er essentiel: En person der praktiserer Dhamma, arbejder hen mod det endelige mål som er befrielse fra al lidelse. Dette arbejde er umuligt at gøre hvis vi forstærker de mentale vanemønstre, som vi forsøger at komme til livs. Enhver handling som skader andre, er forårsaget og ledsaget af begær og modvilje. At begå sådanne handlinger svarer til at gå to skridt tilbage for hvert skridt man går fremad på vejen, de forhindrer ethvert fremskridt mod målet.

Sīla er altså nødvendig for samfundet, men er også til stor gavn for individet, ikke bare på et verdsligt plan, men også for personens udvikling i Dhamma.

Der er tre dele af den ædle ottefoldige vej der hører under træningen i *sīla*: ret tale, ret handling og ret levevej.

Ret tale

Ens tale skal være ren og gavnlig. Renhed opnås ved at fjerne urenhed, så derfor må vi først forstå hvad uren tale indebærer. Det indebærer at lyve, altså, at sige mere eller mindre end sandheden; at viderefortælle sladder som gør venner til uvenner; at bagtale; at bruge hårde ord som forstyrrer andre og ikke har en gavnlig effekt; indholdsløs sladder, indholdsløs snak der spilder ens egen og andres tid. Når man afstår fra alle disse former for uren tale, er der kun ret tale tilbage.

Men det er ikke bare en negativ term. En person som praktiserer ret tale, forklarede Buddha,

"taler sandheden og er urokkelig i sandfærdighed, troværdig, pålidelig og er ligefrem med andre. Han forliger dem der skændes og opmuntrer de forenede. Han glædes over harmoni, søger efter harmoni, frydes over harmoni, og skaber harmoni med sine ord.

Hans tale er mild, tiltalende for øret, venlig, hjertevarmende, høflig, sympatisk, og behagelig for mange. Han taler på det rigtige tidspunkt, i overensstemmelse med fakta, i forhold til hvad der er hjælpsomt, og i overensstemmelse med Dhamma og med forskrifterne. Hans ord er værd at huske, rettidige, gennemtænkte, velvalgte og konstruktive."[30]

Ret handling

Ens handlinger skal også være rene. Ud fra samme princip som før, må vi forstå hvad der udgør *urene handlinger*, så vi kan afholde os fra dem. Urene handlinger er at slå et levende væsen ihjel; at stjæle; at begå upassende seksuel opførsel, fx voldtægt eller utroskab; og at indtage rusmidler, at miste sin beherskelse så man ikke ved hvad man siger eller gør. Når man undgår disse fire urene handlinger er der intet andet end ret handling, gavnlige handlinger tilbage.

Igen er dette ikke kun en negativ term. Når Buddha beskrev en person som praktiserer ret handling, sagde han: "Han lægger kæppen og sværdet til side, og er omhyggelig med at ikke skade nogen; fuld af venlighed, søger han det gode for alle levende væsner. Han lever som et rent væsen, uden nogen hemmeligheder."[31]

Forskrifterne

For lægfolk er *de fem forskrifter* vejen til at omsætte *ret tale* og *ret handling* til praksis. De fem forskrifter er:

At afholde sig fra at slå levende væsner ihjel;
At afholde sig fra at stjæle;
At afholde sig fra upassende seksuel aktivitet;
At afholde sig fra usand tale;
At afholde sig fra at indtage rusmidler.

Disse fem forskrifter er det essentielle minimum for moralsk opførsel, og enhver som ønsker at praktisere Dhamma er nødt til at følge dem.

I løbet af ens liv vil der måske opstå mulighed for at kunne lægge de daglige forpligtelser til side i en kortere periode - måske for et par dage, måske bare en enkelt dag – for at kunne rense sindet og arbejde mod befrielse. I sådan en periode praktiserer man Dhamma seriøst, og derfor bør ens opførsel være mere påpasselig end til daglig.

Det er derfor vigtigt at undgå handlinger som kan distrahere, eller forstyrre arbejdet med at rense sindet. Derfor følger man i en sådan periode otte forskrifter. Disse inkluderer de fem basale forskrifter med en modifikation: I stedet for at afholde sig fra upassende seksuel aktivitet, så afholder man sig fra al seksuel aktivitet. Derudover påtager man sig: At afstå fra at spise utidigt (dvs. fra at spise efter frokost); at afholde sig fra al sanselig nydelse og kropslige udsmykninger; og at afholde sig fra at bruge overdrevet bekvemme senge. Pålægningen af cølibat og de yderligere forskrifter støtter stilheden og opmærksomheden, der er nødvendige for arbejdet med introspektion, og en hjælp til at beskytte sindet fra ydre forstyrrelser. Det er kun nødvendigt at følge de otte forskrifter i den periode, der er afsat til intensiv Dhamma-praksis. Når denne tid er ovre, kan en lægperson gå tilbage til de fem forskrifter som retningslinjer for et moralsk liv.

Til sidst er der de ti forskrifter for dem som har valgt et liv uden eget hjem, en tiggende munk eller nonne. Disse ti forskrifter inkluderer de første otte, med den syvende delt i to, og med yderligere én: At afholde sig fra at acceptere penge. Munke og nonner skal udelukkende forsørge sig selv fra den velgørenhed de modtager, så at de er frie til at dedikere sig fuldstændigt til arbejdet med at rense deres sind for deres eget og alle andres bedste.

Disse forskrifter, om det er fem, otte eller ti, er ikke tomme påbud som er dikteret af en gammel tradition. De er bogstaveligt talt "skridt til at gøre fremskridt i træningen", praktiske metoder til at sørge for at ens ord og handlinger hverken skader en selv eller andre.

Den rette levevej

Vi bør hver især have en passende måde at forsørge os selv på. Den rette levevej har to kriterier. For det første må det ikke være nødvendigt at bryde de fem forskrifter i udførelsen af ens arbejde, eftersom man derved ville skade andre. Derudover skal man heller ikke arbejde med noget der ansporer andre til at bryde forskrifterne, eftersom dette også forårsager skade. Vores arbejde bør hverken direkte eller indirekte føre skade med sig for andre.

Således er ethvert arbejde der indebærer at man slår ihjel, uanset om det er dyr eller mennesker, ikke den rette måde at forsørge sig selv på. Men selv hvis slagtningen bliver varetaget af en anden, og man sælger dele af det slagtede dyr; hud, kød, ben osv., er det stadig ikke den rette måde at forsørge sig på, fordi man er afhængig af andres skadelige handlinger. At sælge alkohol eller stoffer kan være meget profitabelt, og man afholder sig måske selv fra at indtage disse, men alligevel vil handlingen anspore andre til at indtage rusmidler og man bidrager på den måde til at de skader sig selv. At drive et kasino kan også være meget indbringende, men alle som kommer der for at spille, vil blive påvirket på en meget negativ måde. Ligeledes er det en god forretning at sælge gift eller våben – ammunition, bomber, missiler – men det forstyrrer freden og harmonien for utroligt mange. Ingen af disse beskæftigelser er en ret levevej.

Hvis man har til hensigt at skade andre i udførelsen af sit arbejde, er det heller ikke den rette levevej, selvom professionen måske i sig selv ikke er skadelig. En læge som ønsker en epidemi eller en handelsmand som ønsker hungersnød, praktiserer ikke den rette levevej.

Vi er alle medlemmer af samfundet. Gennem vores arbejde udfører vi vores forpligtigelser i samfundet og tjener vores medborgere på forskellige måder. Til gengæld får vi vores levebrød. Selv en munk eller en nonne tjener sit levebrød – i form af almisser – ved at rense sit sind for sit eget og alle andres bedste. Hvis han eller hun begynder at udnytte andre ved at bedrage dem, udøve magi eller lyve om hvad han eller hun har opnået spirituelt, så er det heller ikke den rette levevej.

Uanset størrelsen, skal den løn vi får for vores arbejde, anvendes til at forsørge os selv og dem som er afhængige af os. Hvis der er noget i overskud, så bør i det mindste en andel af det gå tilbage til samfundet til gavn for andre. Hvis hensigten med at arbejde er at spille en nyttig rolle i samfundet så man kan forsørge sig selv og hjælpe andre, så er ens arbejde en ret levevej.

Sīla på et Vipassana meditationskursus

Når man vælger at praktisere ret tale, ret handling og ret levevej er det fordi det er gavnligt for en selv og for andre. Et Vipassana-kursus tilbyder en mulighed for at omsætte alle disse aspekter af *sīla* til praksis. Det er en periode som er afsat til at praktisere Dhamma intensivt, og derfor følges de otte forskrifter af alle deltagere. For dem som deltager for første gang, eller som har fysiske problemer, modereres en af forskrifterne dog; de får lov til at spise et let måltid om aftenen. Derfor tager de formelt kun fem forskrifter, selvom de egentlig på alle andre punkter følger otte forskrifter.

I tillæg til forskrifterne, skal alle deltagere tage et løfte om at være stille indtil den sidste hele dag på kurset. De kan tale med læreren eller kursusarrangørerne, men ikke med andre mediterende. På denne måde reduceres alle distraktioner til et minimum; det bliver muligt for deltagerne at bo og meditere tæt sammen uden at forstyrre hinanden. I denne rolige, stille og fredfyldte atmosfære er det muligt at udføre det svære arbejde som introspektion er. Introspektion er det arbejde de mediterende udfører, og til gengæld får de mad og husly, som er finansieret af donationer fra andre. På denne måde lever de mere eller mindre som munke og nonner under et kursus, fordi de forsørges af andre. Ved at gøre deres arbejde så godt som de kan, for deres eget og andres bedste, praktiserer de mediterende under deres deltagelse på et Vipassana kursus, den rette levevej.

At praktisere *sīla* er en grundlæggende del af Dhamma-vejen. Uden *sīla* kan man ikke gøre fremskridt, eftersom sindet vil være for uroligt til at kunne udforske virkeligheden indeni. Der er lærere som mener at spirituel udvikling er mulig uden *sīla*, og underviser med dette udgangspunkt. Dette er ikke Buddhas lære. Det er muligt at opleve forskellige ekstatiske tilstande uden at praktisere *sīla*, men det er en misforståelse at tage dette for at være spirituel fremgang. Uden *sīla* er det ikke muligt at befri sindet fra lidelse og opleve den ultimative sandhed.

Spørgsmål og svar

SPØRGSMÅL: Er ret handling ikke en form for tilknytning?

S. N. GOENKA: Nej. Det betyder at du gør dit bedste, samtidig med at du forstår at resultatet er uden for din kontrol. Du gør det du skal, og overlader resten til naturen, til Dhamma: "Din vilje ske."

Er det så at man er villig til at begå en fejl?

Hvis du begår en fejl, så accepterer du det, og forsøger at lade være med at gentage den næste gang. Igen kan det være at du begår en fejl; endnu en gang smiler du og prøver igen på en anden måde. Hvis du kan smile når du begår fejl, så er du ikke tilknyttet. Men hvis nederlag gør dig nedslået og succes gør dig opløftet, så er du tilknyttet.

Så ret handling er indsatsen du gør, og ikke selve resultatet?

Ja, ikke resultatet. Det vil automatisk blive godt, hvis din handling er god. Dhamma tager sig af det. Det står uden for vores magt at vælge resultatet, men vi kan vælge vores handlinger. Bare gør det bedste du kan.

Bliver det til en uret handling hvis man skader nogen ved et uheld?

Nej. Der skal være en intention om at skade et bestemt væsen, og man skal lykkes med at forårsage skade; kun sådan er den forkerte handling fuldført. *Sīla* skal ikke tages til ekstremerne, det ville hverken være praktisk eller gavnligt. På den anden side er det ligeså farligt at være så uforsigtig i dine handlinger, at du fortsætter med at skade andre, og undskylder dig selv med at det ikke var din intention at forårsage skade. Dhamma lærer os at være opmærksomme.

Hvad er forskellen på ret og upassende seksuel aktivitet? Er det et spørgsmål om hensigt?

Nej. Sex har en plads i et menneskes liv hvis de er lægpersoner. Det bør ikke blive holdt nede med tvang, eftersom tvunget cølibat skaber indre spændinger som skaber flere problemer og vanskeligheder. Hvis du på den anden side giver frit løb for den seksuelle trang, og tillader dig selv at have sex med hvem som helst, når der opstår seksuelt begær, så kan du aldrig befri dit sind fra begær. Dhamma tilbyder en middelvej, som undgår begge farlige ekstremer: Når to personer forpligtiger sig seksuelt overfor hinanden, er det et sundt udtryk for seksualitet, som stadig giver mulighed for spirituel udvikling. Og hvis din partner også er en Vipassana-mediterende, så kan I begge observere lysten når den opstår. Dette er hverken undertrykkelse eller at give frit løb. Gennem observation kan du let befri dig fra seksuel lyst. Et par vil måske stadig blive ved med at have sex en gang imellem, men gradvist udvikler de sig til et stadie, hvor sex ikke længere giver mening. Så har man nået stadiet med ægte, naturligt cølibat, hvor der ikke engang opstår en seksuel tanke i sindet. Dette cølibat giver en glæde langt større end nogen form for seksuel tilfredsstillelse. Man vil altid føle sig så veltilfreds, så harmonisk.

I den vestlige verden anser mange at frivillig sex mellem to voksne er acceptabelt.

En sådan opfattelse er langt fra Dhamma. En person som har sex med én person, så en anden og en tredje, forøger sin seksuelle lyst. Du skal enten begrænse dig til én person, eller leve i cølibat.

Hvordan forholder det sig med stoffer som en hjælp til at opleve forskellige former for bevidstheder, forskellige virkeligheder.

Nogle elever har fortalt mig at når de tog psykedeliske stoffer, havde de oplevelser der mindede om dem de stødte på under meditationen. Uanset om dette er sandt eller ej, så er en oplevelse med stoffer en form for afhængighed af et ydre hjælpemiddel. Dhamma lærer derimod én at blive sin egen herre, så man kan opleve virkeligheden efter ønske, når man vil. Derudover er det en vigtig forskel at mange mennesker mister deres mentale balance og skader sig selv når de tager stoffer, hvorimod oplevelsen af virkeligheden ved at praktisere Dhamma medfører at den mediterende bliver mere balanceret, uden at skade sig selv eller nogen anden.

Indebærer det femte forskrift at man afholder sig fra rusmidler eller at man afholder sig fra at blive beruset? At drikke med måde uden at blive fuld er jo ikke så skadeligt. Eller siger du at selv et enkelt glas alkohol er at bryde sīla?

Ved at drikke små mængder udvikler du i det lange løb begær efter alkohol. Du tænker ikke over det, men du tager det første skridt mod afhængighed, hvilket uden tvivl er skadeligt for dig selv og andre. Hver eneste alkoholiker er startet med et enkelt glas. Hvorfor tage det første skridt mod afhængighed? Hvis du praktiserer meditation seriøst og du drikker et glas vin til en fest eller fordi du glemmer det, så vil du opleve at din meditation er svag den dag. Dhamma kan ikke fungere sammen med rusmidler. Hvis du virkelig ønsker at udvikle dig i Dhamma, er du nødt til at afholde dig fra rusmidler. Dette er erfaringen fra tusindvis af mediterende.

Upassende seksuel aktivitet og anvendelsen af rusmidler er de to forskrifter som er særligt vigtige at forstå for folk i vesten.

Her siger folk ofte: "Hvis det føles rigtigt, så må det være rigtigt."

Det er fordi de ikke ser virkeligheden. Når du handler med modvilje i sindet, så bliver du automatisk opmærksom på spændingen i sindet. Men når du gør noget med begær i sindet, så føles det behageligt på sindets overflade, selvom der er en spænding på et dybere plan. Det føles godt på grund af uvidenhed. Når du selv indser at det ikke er gavnligt, holder du automatisk op med at gøre det.

Er det at bryde sīla at spise kød?

Nej, ikke medmindre du selv har slået dyret ihjel. Hvis nu du får serveret noget kød, og du nyder smagen på samme måde som med anden mad, så har du ikke brudt nogen forskrift. Men ved at spise kød så støtter du selvfølgelig at en anden har brudt forskrifterne ved at slå ihjel. Og på et dybere plan så skader du dig selv ved at spise kød. Hvert eneste øjeblik genererer et dyr begær eller modvilje; det er umuligt for det at iagttage sig selv og rense sindet. Hver eneste celle i dyret bliver gennemsyret af begær og modvilje, så det er de inputs du får ved at spise ikke-vegetarisk mad. Mediterende prøver at gøre sig fri fra begær og modvilje, og derfor er det en hjælp at undgå den slags mad.

Er det derfor at der kun serveres vegetarisk mad på kurserne?

Ja, det er bedst for Vipassana meditation.

Anbefaler du også vegetarisk mad i dagligdagen?

Det er også til hjælp.

Er det acceptabelt for en mediterende at tjene penge?

Hvis du praktiserer Dhamma er du glad selv hvis du ikke tjener penge. Men hvis du tjener penge og ikke praktiserer Dhamma, så forbliver du utilfreds. Dhamma er vigtigere. Eftersom du lever i samfundet, er du nødt til at forsørge dig selv. Du er nødt til at tjene penge ved ærligt, hårdt arbejde, og det er der intet galt i. Men gør det med Dhamma.

Hvis ens arbejde har dårlige effekter i et senere led, altså at det man gør kan anvendes negativt, er det så en forkert måde at forsørge sig på?

Det afhænger af din hensigt med det. Hvis du kun interesserer dig for at tjene penge og tænker: "Det er lige meget om andre bliver skadet, så længe at jeg får mine penge", så er det en forkert måde at forsørge sig på. Men hvis din hensigt er at hjælpe andre, og nogen alligevel bliver skadet, så har du ingen skyld i det.

Min virksomhed producerer en komponent der blandt andet bruges til at indsamle data om atomeksplosioner. De bad mig om at arbejde med dette produkt, og på en eller anden måde føles det ikke rigtigt.

Hvis noget udelukkende anvendes til at skade andre, så bør du absolut ikke være involveret i det. Men hvis det kan bruges til både positive og negative formål, så er du ikke ansvarlig for hvordan andre bruger det. Du udfører dit arbejde med en intention om at andre skal anvende det til et godt formål. Det er der intet forkert i.

Hvad tænker du om pacifisme?

Hvis du med pacifisme mener inaktivitet overfor aggression, så er det forkert. Dhamma lærer dig at agere på en positiv måde og være praktisk.

Hvordan med passiv modstand som Mahatma Gandhi eller Martin Luther King, Jr. underviste i?

Det afhænger af situationen. Hvis en person angriber dig og denne person ikke forstår andre sprog end magt, så er man nødt til at bruge fysisk styrke, med sindsligevægt. Ellers bør man bruge passiv modstand, ikke fordi man bliver bange, men som en handling gjort med moralsk mod. Dette er Dhamma-måden, og det var det Gandhiji trænede folk til at gøre. Det kræver mod at konfrontere bevæbnede modstandere med tomme hænder. For at kunne gøre det, må man være forberedt på at dø. Døden vil komme før eller siden, og man kan enten dø frygtfuldt eller tappert. En Dhamma-død kan ikke være i frygt. Gandhiji plejede at sige: "Lad brystet få sårene, ikke ryggen," til sine følgere som konfronterede voldelig modstand. Han fik succes på grund af Dhammaen i ham.

Du siger selv at man kan have en skøn meditationsoplevelse uden at holde forskrifterne. Er det så ikke dogmatisk og ufleksibelt at lægge så meget vægt på moral?

Jeg har lagt mærke til at dem som ikke følger forskrifterne, ikke gør fremskridt på vejen. År efter år deltager de på kurserne, men i deres daglige liv er der ingen forandring. De bliver ved med at være anspændte og utilfredse, fordi de anvender Vipassana som en leg – præcis som andre lege de har været med i tidligere. Den slags folk går glip af meget. Dem som virkelig ønsker at anvende Dhamma til at forandre deres liv, er nødt til at praktisere *sīla* så omhyggeligt som muligt.

Lægens recept

En mand bliver syg og går til lægen. Lægen skriver en recept på noget medicin. Manden har stor tiltro til lægen. Da han kommer hjem, sætter han et flot billede eller en skulptur af lægen i sit bederum. Så sætter han sig ned og begynder at tilbede billedet eller skulpturen: Han bukker tre gange og ofrer blomster og røgelse. Og derefter tager han recepten ud som lægen skrev til ham, og reciterer højtideligt: "To piller om morgenen! To piller om eftermiddagen! To piller om aftenen!" Han fortsætter med at recitere recepten hver eneste dag, fordi han har stor tiltro til lægen, men på trods af det, har recepten ingen virkning for ham.

Nu beslutter manden sig for at han vil vide noget mere om denne recept. Han skynder sig hen til lægen og spørger ham: ”Hvorfor ordinerede du denne recept? Hvordan vil den hjælpe mig?” Lægen er en intelligent person og forklarer: ”Ja, nu skal du høre; dette er din sygdom, og dette er årsagen til sygdommen. Hvis du tager den medicin jeg har ordineret, så vil den få årsagen at forsvinde. Når årsagen er forsvundet, så vil sygdommen automatisk forsvinde!” Manden tænker, ”Nej, hvor skønt! Min læge er virkelig intelligent! Hans recepter er så virkningsfulde!” Og så begynder han at diskutere med sine naboer og bekendte: ”Min læge er den bedste læge! Alle andre læger er ubrugelige!” Men hvad får han ud af disse diskussioner? Måske fortsætter han med at diskutere i hele sit liv, men det hjælper ham ikke det mindste. Det er kun hvis han *tager* sin medicin, at han vil blive helbredt fra sin lidelse, sin sygdom. Det er kun sådan at medicinen vil hjælpe ham.

Ethvert befriet menneske er som en læge. Ud af medfølelse ordinerer et sådant menneske en recept på hvordan folk kan befri sig selv fra lidelse. Hvis folk udvikler blind tiltro til denne person, laver de recepten om til et helligt skrift, begynder at skændes med andre sekter og hævder at grundlæggeren af deres egen religion og hans lære er overlegen. Men ingen går op i at praktisere læren, og tage den medicin der blev ordineret for at kurere lidelsen.

At have tiltro til en læge er nyttigt, hvis det får patienten til at følge lægens råd. At forstå hvordan medicinen hjælper én er gavnligt hvis det får en at tage medicinen. Men uden at tage medicinen, kan man ikke blive helbredt fra sygdommen. Man er nødt til selv at tage medicinen.

Kapitel 6

TRÆNING I KONCENTRATION

Ved at praktisere *sīla* forsøger vi at kontrollere vores tale og fysiske handlinger. Men selve årsagen til vores lidelse findes i vores mentale handlinger. Bare at tilbageholde vores ord og handlinger fører ikke noget med sig, hvis sindet bliver ved med at koge i begær og modvilje, dvs. skadelige mentale handlinger. Vi kan aldrig blive lykkelige hvis vi er splittet i os selv på denne måde. Før eller siden vil begæret eller modviljen bryde frem, og vi vil komme til at bryde vores *sīla* ved at skade os selv og andre.

Rent intellektuelt forstår vi måske godt at det er forkert at begå skadelige handlinger. Dette moralske budskab har religionerne trods alt prædiket for os i et par tusinde år. Men når fristelsen kommer, bliver sindet alligevel overmandet og man bryder sin *sīla*. En alkoholiker ved formentlig udmærket godt at man ikke bør drikke, fordi alkohol er skadeligt, og alligevel rækker han ud efter alkoholen når begæret opstår, og han bliver beruset. Han kan ikke stoppe sig selv, eftersom han ikke har nogen beherskelse over sig selv. Men når man lærer at mindske de skadelige, *mentale* handlinger, bliver det let at undgå skadelige ord og handlinger.

Eftersom problemet opstår i sindet, er det også på det sindslige plan at vi må konfrontere det. Derfor bliver vi nødt til at praktisere *bhāvanā* – ordret, "mental udvikling", eller det som i daglig tale kaldes meditation. Siden Buddhas tid er betydningen af ordet *bhāvanā* blevet svækket i takt med at udøvelsen af det er faldet væk. I vores tid er det blevet brugt til at betegne enhver form for mental øvelse, eller åndelig opbyggelse, selv aktiviteter som at læse, tale, høre, eller reflektere over Dhamma. "Meditation," den mest almindelige engelske oversættelse af *bhāvanā*, anvendes endnu mere løst som en henvisning til mange forskellige aktiviteter, alt fra mental afslapning, dagdrømmeri og fri association til selvhypnose. Alle disse aktiviteter ligger langt fra hvad Buddha mente med *bhāvanā*. Han brugte ordet til at referere til specifikke, mentale øvelser, tydeligt definerede teknikker til at fokusere og rense sindet med.

Bhāvanā omfatter to øvelser: koncentration (*samādhi*) og visdom (*paññā*). Koncentrationsøvelsen kaldes også for "at udvikle stilhed" (**samātha-bhāvanā**), mens øvelsen i visdom kaldes for "udviklingen af indsigt" (**Vipassanā-bhāvanā**). At praktisere *bhāvanā* begynder med koncentration; at lære at tage kontrol over sine mentale processer, at blive herre over sit eget sind. Den anden sektion i den ottefoldige vej handler om træningen i dette, og består af tre underdele: Ret indsats, ret bevidsthed og ret koncentration.

Ret indsats

Ret indsats er det første skridt når man skal praktisere *bhāvanā*. Sindet bliver hurtigt overmandet af uvidenhed, hurtigt påvirket af begær eller modvilje. Så på en eller anden måde er vi nødt til at styrke det, så det bliver fast og stabilt; så det bliver et redskab til at undersøge vores natur på det mest subtile plan, for at afdække og derefter fjerne sindets betingning.

I forbindelse med at en læge vil diagnosticere en patients sygdom, tager han en blodprøve og placerer den under et mikroskop. Før lægen kan undersøge prøven, må han fokusere mikroskopet. Først derefter er det muligt at undersøge blodprøven, opdage årsagen til sygdommen og bestemme den rigtige behandling. På samme måde er vi nødt til at fokusere sindet og fastholde det på det samme objekt. På denne måde gør vi sindet til et instrument som kan undersøge den dybeste virkelighed om os selv. Buddha foreskrev forskellige teknikker til at koncentrere sindet, som hver især var tilpasset til den enkelte person, der opsøgte ham for at lære det. Den mest velegnede teknik til at undersøge den indre virkelighed, som Buddha selv praktiserede, hedder **ānāpāna-sati**, "bevidsthed om åndedrættet".

Åndedrættet er et koncentrationsobjekt, som er let tilgængeligt for alle, fordi vi alle trækker vejret fra vi bliver født til vi dør. Det er et universelt tilgængeligt, universelt accepteret koncentrationsobjekt. For at begynde med at praktisere *bhāvanā*, sætter de mediterende sig ned, indtager en komfortabel, opretsiddende stilling og lukker øjnene. De bør være i et stille rum med så få forstyrrende elementer som muligt. Når de vender sig fra den ydre til den indre verden, opdager de at den mest fremtrædende aktivitet er deres egen vejrtrækning; så de er bevidste om dette objekt; åndetrættet der kommer ind og går ud af næseborene.

Dette er ikke en åndedrætsøvelse; det er en koncentrationsøvelse. Det går ikke ud på at kontrollere åndedrættet, men i stedet at være bevidst om det som det naturligt er: dybt eller kort, tungt eller let, hårdt eller fint. Man fokuserer opmærksomheden på åndedrættet i så lang tid som muligt, uden at tillade at nogen forstyrrelser bryder opmærksomheden på åndedrættet.

Når man begynder at meditere, finder man hurtigt ud af hvor svært det er. Så snart vi prøver at holde vores opmærksomhed fast på åndedrættet, bliver vi forstyrret – måske af en smerte i benet. Så snart vi prøver at holde alle forstyrrende tanker tilbage, dukker der tusindvis af ting op i sindet: Minder, planer, forhåbninger, frygt. De fanger vores opmærksomhed, og efter lidt tid går det op for os at vi har glemt alt om åndedrættet. Vi begynder igen med fornyet beslutsomhed, og igen opdager vi efter lidt tid at sindet har fortabt sig i tanker uden at vi bemærkede det.

Hvem er det der bestemmer her? Når man begynder på denne øvelse, bliver det hurtigt meget tydeligt, at sindet faktisk er uden for vores kontrol. Sindet springer hele tiden fra tanke til tanke, fra objekt til objekt, væk fra virkeligheden. Som et forkælet barn tager det fat i et stykke legetøj, mister hurtigt interessen for det og rækker ud efter et nyt – igen og igen.

Dette er sindets indgroede vanemønster – det er det sindet har gjort hele livet. Men når vi begynder at undersøge vores sande natur, er denne flugt nødt til at stoppe. Vi er nødt til at ændre sindets vanemønster og lære at være med virkeligheden. Vi begynder med at prøve at holde opmærksomheden på åndedrættet. Når vi opdager, at sindet er vandret væk, bringer vi det tålmodigt og roligt tilbage igen. Det lykkes ikke og vi prøver om og om igen. Smilende, uden anspændthed, uden modløshed, fortsætter vi øvelsen igen og igen. Et helt livs vanemønstre ændrer sig trods alt ikke bare på et par minutter. Opgaven kræver gentagen, vedholdende øvelse såvel som tålmodighed og ro. Det er sådan vi udvikler bevidsthed om virkeligheden. Dette er ret indsats.

Buddha beskrev fire former for ret indsats:

- *at forhindre negative, skadelige sindstilstande i at opstå,*
- *at slippe dem hvis de opstår,*
- *at udvikle gavnlige sindstilstande, som endnu ikke er opstået,*
- *at opretholde dem uden afbrydelse, og få dem til at udvikle sig og nå deres fulde størrelse og perfektion.*[32]

Når vi er bevidste om åndedrættet, praktiserer vi automatisk alle de fire rette indsatser. Vi sætter os ned og holder opmærksomheden på åndedrættet uden nogen afbrydende tanker. Når vi gør det, udvikler vi selv-opmærksomhed, en gavnlig sindstilstand, og vi opretholder denne sindstilstand. Vi forhindrer os selv i blive distraherede, fraværende og miste kontakten med virkeligheden. Hvis der opstår en tanke, så forfølger vi den ikke, men fører endnu en gang opmærksomheden tilbage til åndedrættet. På denne måde udvikler vi evnen til at være fokuseret på det samme objekt, og modstå forstyrrelser – to grundlæggende forudsætninger når det kommer til koncentration.

Ret bevidsthed

At iagttage åndedrættet er også måden hvorpå man praktiserer ret bevidsthed. Vores lidelse stammer fra uvidenhed. Vi reagerer, fordi vi ikke ved hvad vi gør, fordi vi ikke er bevidste om vores egen virkelighed. Sindet er for det meste optaget af fantasier og illusioner ved at genopleve behagelige og ubehagelige oplevelser, og foregribe fremtiden med iver eller frygt. Når vi er fortabt i den form for begær eller modvilje, er vi ikke bevidste om hvad der sker nu, og hvad vi gør netop nu. Dog er det nuværende øjeblik det vigtigste for os. Vi kan ikke leve i fortiden, for den er væk. Vi kan heller ikke leve i fremtiden, for den kommer altid til at være uden for vores rækkevidde. Vi kan kun leve i nuet.

Hvis vi ikke er bevidste om vores handlinger her og nu, vil vi komme til at gentage vores fejl fra tidligere, og kan ikke lykkes med at opnå vores fremtidige drømme. Men hvis vi kan udvikle evnen til at være opmærksom i det nuværende øjeblik, kan vi anvende fortiden som en vejviser for handlinger i fremtiden, så vi kan nå vores mål.

Dhammas vej er her og nu. Derfor er vi nødt til at udvikle vores evne til at være bevidste om nuet. Vi har brug for en metode til at fokusere vores opmærksomhed på vores egen virkelighed i dette øjeblik. *Ānāpāna-sati*-teknikken er en sådan metode. Når man praktiserer *Ānāpāna-sati*, udvikler man bevidsthed om sig selv her og nu: I dette øjeblik indånding, i dette øjeblik udånding. Ved at øve sig i opmærksomhed på åndedrættet, bliver vi bevidste i nuet.

En anden grund til at udvikle opmærksomhed om åndedrættet, er at vi ønsker at opleve den ultimative virkelighed. At fokusere opmærksomheden på åndedrættet, hjælper os til at undersøge det vi ikke ved om os selv, dvs. at bevidstgøre det der har været ubevidst. Det fungerer som en bro mellem den bevidste og ubevidste del af sindet, eftersom det både fungerer når vi er bevidste og ubevidste. Vi kan vælge at trække vejret på en bestemt måde, dvs. kontrollere åndedrættet. Vi kan også vælge at holde vejret i lidt tid. Og når vi holder op med at styre det, fungerer det af sig selv igen.

Fx kan det være at vi bevidst begynder at trække vejret en lille smule hårdere for at kunne fokusere lettere. Så snart opmærksomheden er tydelig og uafbrudt på åndedrættet, lader vi åndedrættet fortsætte naturligt som det er; hårdt eller blidt, langt eller kort, hurtigt eller langsomt. Vi forsøger ikke at kontrollere åndedrættet; indsatsen består bare i at være bevidste om det. Ved at bevare opmærksomheden på det naturlige åndedræt, er vi begyndt at iagttage kroppens autonome funktioner, som normalt foregår ubevidst. Fra at have iagttaget det kontrollerede åndedræt, en mere overfladisk virkelighed, er vi gået over til at iagttage det naturlige åndedræt, en dybere virkelighed. Fra den overfladiske virkelighed er vi begyndt at bevæge os henimod bevidsthed om en mere subtil virkelighed.

En yderligere grund til at udvikle opmærksomhed på åndedrættet er at vi til en begyndelse først må blive bevidste om begær, modvilje og uvidenhed for at kunne blive fri fra dem. Dette kan åndedrættet hjælpe med, fordi det fungerer som en refleksion af vores mentale tilstand. Når sindet er afslappet og stille, er åndedrættet jævnt og blidt. Men når der opstår negativitet i sindet som vrede, had, frygt eller seksuelt begær, bliver åndedrættet mere ujævnt, tungt og hurtigt. På denne måde underretter vores sind os om vores mentale tilstand og gør det muligt for os at tage vare på den.

Derudover er der endnu en grund til at praktisere opmærksomhed på åndedrættet. Eftersom vores mål er et sind fri fra negativitet, er vi nødt til at være omhyggelige med at hvert eneste skridt vi tager mod målet, er rent og ædelt. Selv i de indledende stadier når vi udvikler *samādhi,* er det vigtigt at vi bruger et koncentrationsobjekt som er rent. Og det er åndedrættet; vi kan ikke have begær efter eller modvilje mod åndedrættet, og det er virkeligt, fri fra illusion og indbildning. Derfor er det et hensigtsmæssigt objekt.

I det øjeblik hvor sindet er helt fokuseret på åndedrættet, er det fri fra begær, fri fra modvilje og fri fra uvidenhed. Uanset kort dette rene øjeblik måtte være, så er det et meget virkningsfuldt øjeblik, fordi det udfordrer alt det der tidligere har præget sindet. Alle de akkumulerede reaktioner vækkes nu til live, og begynder at vise sig som vanskeligheder, fysiske såvel som psykiske, der besværliggør vores forsøg på at udvikle bevidsthed. Det kan være at vi oplever utålmodighed efter fremskridt, hvilket er en form for begær, eller måske opstår der modvilje i form af vrede og nedstemthed over at fremskridtene opleves som langsomme. Nogle gange bliver vi overvældet af døsighed og døser hen så snart vi begynder at meditere. Andre gange bliver vi måske så rastløse at vi begynder at sidde uroligt eller måske kommer på grunde til helt at lade være med meditere. Eller måske er det skepsis der undergraver viljen til at meditere – en neurotisk, ufornuftig tvivl om meditationslæreren, selve læren, eller vores egen evne til at meditere. Når vi pludselig konfronteres med disse vanskeligheder, kan det være at vi tænker på at stoppe helt med at meditere.

I sådanne øjeblikke er det vigtigt at forstå at disse hindringer kun er opstået som en reaktion på at vi er lykkedes med at være opmærksomme på åndedrættet. Hvis vi bliver ved, vil de gradvist forsvinde. Når de forsvinder, vil arbejdet blive lettere, eftersom at der allerede på dette tidlige stadie, er forsvundet nogle negative vanemønstre fra sindets overflade. Så selv ved at praktisere bevidsthed om åndedrættet, begynder vi at rense sindet og gå mod befrielse.

Ret koncentration

Når man fokuserer opmærksomheden på åndedrættet, udvikler man bevidsthed om nuet. Ret koncentration er at bevare denne opmærksomhed fra øjeblik til øjeblik i så lang tid som muligt.

Vi koncentrerer os også i det daglige liv, men disse former for koncentration er ikke nødvendigvis ret koncentration. En person koncentrerer sig måske om at tilfredsstille et seksuelt behov eller at undgå noget han frygter. En kat venter med al sin opmærksomhed fokuseret på et musehul, klar til at slå kløerne i musen så snart den viser sig. En lommetyv som er grådig efter at få fat på sit offers pung, venter på det rigtige tidspunkt til at tage den. Et barn ligger i sengen og stirrer ængsteligt mod værelsets mørkeste hjørner, og forestiller sig levende at der er uhyrer gemt i skyggerne. Der er ikke nogen af disse eksempler som er ret koncentration, dvs. koncentration som kan anvendes til befrielse. *Samādhi* skal have et objekt som er fri fra alt begær, modvilje og uvidenhed.

Når man praktiserer opmærksomhed på åndedrættet, opdager man hvor svært det er at bevare en uafbrudt opmærksomhed. På trods af at man virkelig har bestemt sig for at holde opmærksomheden på åndedrættet, slipper opmærksomheden på eller anden måde alligevel ubemærket væk. Vi minder om en fuld mand der prøver at gå lige, men som hele tiden svajer fra side til side. Vi *er* faktisk berusede af vores uvidenhed og illusion, som gør at vi tumler rundt i fortiden eller fremtiden, begær eller modvilje. Vi kan ikke følge det lige spor af uafbrudt opmærksomhed.

Det er godt hvis vi kan møde disse vanskeligheder uden at blive nedstemte eller nedslåede, men i stedet forstå at det tager tid at ændre de årgamle, indgroede mentale vaner. Det kan kun gøres ved at arbejde igen og igen, uafbrudt, tålmodigt og vedholdent. Vores arbejde er helt enkelt at føre opmærksomheden tilbage til åndedrættet, når vi opdager at den er kommet på afveje. Hvis vi kan gøre det, har vi taget et vigtigt skridt i retning af at forandre sindets vandrende vaner. Og ved gentagen praksis bliver det lettere og lettere at bringe opmærksomheden hurtigt tilbage. Gradvist bliver perioderne med glemsomhed kortere, og perioderne med vedvarende opmærksomhed – *samādhi* – længere.

I takt med at koncentrationen styrkes, begynder vi at føle os afslappede, glade og fulde af energi. Lidt efter lidt ændrer åndedrættets rytme sig, og åndedrættet bliver blidt, regelmæssigt, let og overfladisk. Til tider kan det virke som at vejrtrækningen helt er stoppet. Efterhånden som sindet bliver stille, bliver kroppen også afslappet; kroppens stofskifte går ned i gear, og der er brug for mindre ilt.

På dette stadie vil nogle af dem der mediterer måske have ualmindelige oplevelser: fx se lys eller billeder selvom man har lukkede øjne, eller høre usædvanlige lyde. Alle disse såkaldte ekstrasensoriske oplevelser er blot indikationer på at sindet har nået et forhøjet niveau i koncentration. Disse fænomener har ingen betydning i sig selv, og man skal ikke give dem nogen opmærksomhed. Opmærksomheden skal fortsætte med at være på åndedrættet, alt andet er en distraktion. Man skal heller ikke ønske sig den slags oplevelser; de forekommer for nogle og ikke for andre. Alle disse ualmindelige oplevelser er faktisk bare milepæle på vejen, der markerer hvor langt man er. Nogle gange er milepælen ude af syne, eller man er så fordybet, at man passerer forbi den uden at bemærke det. Men hvis man tager en sådan milepæl for at være det endelige mål og holder fast i den, så stopper fremskridtene helt. Der findes jo faktisk et utal af usædvanlige sensoriske oplevelser som man kan have. De folk som praktiserer Dhamma søger ikke sådanne oplevelser, men søger derimod indsigt i deres egen natur, for at blive fri fra lidelse.

Derfor fortsætter vi med at holde opmærksomheden på åndedrættet. Efterhånden som sindet bliver mere og mere koncentreret, bliver sindet mere subtilt og dermed sværere at følge, så det kræver en større indsats at bevare opmærksomheden. På denne måde bliver vi ved med at slibe sindet for at skærpe koncentrationen; vi gør sindet til et redskab som kan trænge igennem den tilsyneladende virkelighed så det kan iagttage den mest subtile, indre virkelighed.

Der findes mange andre teknikker til at udvikle koncentration. Man kan lære at koncentrere sig ved at repetere et ord eller at visualisere et billede eller at gentage en fysisk handling igen og igen. Ved at gøre dette, absorberes man i det objekt man fokuserer på, og opnår en tilstand af trance og lyksalighed. Selvom en sådan tilstand uden tvivl er meget behagelig så længe den varer, vil man vende tilbage til et liv med de samme udfordringer som før, når oplevelsen er forbi. Denne slags teknikker fungerer ved at de opbygger et lag af ro og glæde i sindets overfladiske dele, men i dybderne forbliver vanemønstrene uberørte. De objekter som anvendes til koncentration i denne type teknikker, har ikke noget at gøre med virkeligheden om os selv fra øjeblik til øjeblik. Den stærke glæde man kan opleve, er pålagt og skabt, i stedet for at være opstået spontant fra dybderne af et rent sind. Ret *samādhi* kan aldrig være spirituel beruselse; ret *samādhi* er nødt til at være fri fra al kunstighed og alle illusioner.

Selv inden for Buddhas lære er der forskellige trancestadier – **jhānas** – som kan opnås. Buddha blev undervist i otte stadier i mental absorption inden han blev oplyst, og han fortsatte med at praktisere dem livet ud. Dog kunne trancetilstandene i sig selv ikke oplyse ham. Når han underviste i dem, lagde han altid vægt på deres funktion som springbræt til udviklingen af indsigt. Som mediterende udvikler man evnen til at koncentrere sig for at gøre sindet til et redskab der kan undersøge ens egen virkelighed og fjerne den betingning der leder til lidelse, ikke for at opleve lyksalighed eller ekstase. Dette er ret koncentration.

Spørgsmål og svar

SPØRGSMÅL: Hvorfor lærer du eleverne at praktisere ānāpāna ved at koncentrere sig rundt om næseborrene i stedet for på maven.

S. N. GOENKA: Fordi *ānāpāna* for os er en forberedelse til Vipassana, og for denne type af Vipassana er det nødvendigt med en særlig stærk koncentration. Jo mere begrænset området man koncentrerer sig om er, jo stærkere bliver koncentrationen også.

Maveområdet er for stort hvis man skal udvikle koncentration til en sådan grad. Området ved næsebordene er det mest velegnede. Det var derfor Buddha rådede os til at praktisere i dette område.

Er det okay at tælle åndedrættene eller at sige "ind" når vi trækker vejret ind, og "ud" når vi ånder ud?

Nej, der bør ikke være nogen kontinuerlig verbalisering. Hvis du hele tiden tilføjer et ord til bevidstheden om åndedrættet, vil ordet gradvist blive altoverskyggende. Og så vil du sige "ind!" uanset om åndedrættet går ind eller ud, og "ud!" uanset om åndedrættet går ud eller ind. Ordet vil blive et mantra. Bare forbliv med åndedrættet, kun åndedrættet, intet andet end åndedræt.

Hvorfor er træningen i samādhi ikke nok til at nå befrielse?

Fordi den renhed som sindet opnår gennem *samādhi* hovedsageligt bliver opnået gennem undertrykkelse, og ikke ved at fjerne betingningen. Det svarer til at man renser en vandtank med mudret vand ved at bruge et kemisk stof som fx alun. Alunet får partiklerne i det opslæmmede snavs til at bundfælde sig, og vandet bliver herefter krystalklart. På samme måde bliver sindet krystalklart når man praktiserer *samādhi*, men samtidig vil der være en bundfældning af urenheder i den ubevidste del af sindet. Og for at fjerne urenhederne fra sindets dyb, er man nødt til at praktisere Vipassana.

Er det ikke usundt at glemme fortiden og fremtiden og udelukkende være opmærksom på det nuværende øjeblik? Er det ikke netop sådan dyr lever? Hvis man glemmer fortiden, vil man ikke kunne undgå at gentage den.

Denne teknik vil ikke lære dig at glemme fortiden helt eller ikke at tænke på fremtiden. Men det nuværende vanemønster er at lade sig opsluge af minder fra fortiden eller af begær efter, planer om eller frygt for fremtiden, og at være uvidende om nuet. Denne usunde vane gør livet ulykkeligt. Med denne teknik vil du lære at få et godt fodfæste i den nuværende virkelighed. Med dette solide fundament kan du få den nødvendige vejledning fra fortiden og sørge godt for fremtiden.

Når jeg mediterer, oplever jeg nogle gange at sindet vandrer væk og der opstår et begær. Og så tænker jeg at det jo ikke var meningen at jeg skulle begære, og så begynder jeg at blive irriteret over at jeg begærer.

Hvorfor blive irriteret på grund af begær? Bare accepter fakta: "Se, der er begær", det er det hele. Så vil du komme ud af det. Når du oplever at sindet er vandret væk, accepterer du det bare: "Se, sindet er vandret væk", og så kommer det automatisk tilbage til åndedrættet. Lad være med at skabe spændinger fordi der er begær eller fordi sindet har vandret væk. Bare accepter det. Denne accept er nok.

Alle de buddhistiske meditationsteknikker var allerede kendt i yogaen. Hvad var det nye i den meditation som Buddha underviste i?

Det der kaldes yoga i dag, er faktisk en senere udvikling. *Patanjali* levede omkring 500 år efter Buddhas tid, så det er meget naturligt at hans *Yoga Sutrā* viser indflydelse fra Buddhas lære. Der var selvfølgelig også yoga-praksisser i Indien før Buddhas tid, og han eksperimenterede også selv med dem før han blev oplyst. Alle disse praksisser begrænsede sig dog til *sīlā* og *samādhi*, koncentration op til den ottende *jhāna*, det ottende stadie af absorption, som stadig ligger inden for det sensoriske felt. Buddha opdagede at det er den niende *jhāna*, altså Vipassana, udviklingen af visdom, som vil føre den mediterende til det ultimative mål, uden for enhver sensorisk oplevelse.

Jeg oplever at jeg meget let kommer til at tale ned til folk. Hvad er den bedste måde at arbejde med dette problem på?

Arbejd med det ved at meditere. Hvis egoet er stort, vil man prøve at tale ned til folk, at gøre dem mindre vigtige og gøre sig selv vigtig. Men meditation opløser helt naturligt egoet. Når det bliver opløst, kan du ikke længere gøre noget der vil såre nogen. Og så bliver problemet løst af sig selv.

Nogle gange føler jeg skyld over det jeg har gjort.

At føle skyld vil ikke hjælpe dig; det vil kun gøre skade. Skyld har ingen plads på Dhammas vej. Når du indser at du har handlet på en forkert måde, så accepter det bare uden at forsøge at retfærdiggøre det eller at skjule det. Du kan fortælle det til en person som du respekterer: "Altså, jeg lavede den her fejl. I fremtiden vil jeg sørge omhyggeligt for at jeg ikke gentager den". Og mediter så, og så vil du opleve at du kan komme ud af denne vanskelighed.

Hvorfor bliver jeg ved med at forstærke dette ego? Hvorfor bliver jeg ved med at prøve at være "jeg"?

Det er det sindet er betinget til at gøre, på grund af uvidenhed. Men Vipassana kan befri dig fra denne skadelige betingning. I stedet for at tænke på dig selv, lærer du at tænke på andre.

Hvordan foregår det?

Det første skridt er at indse hvor selvisk og egocentrisk man er. Man kan ikke komme ud af selv-forelskelsens vanvid medmindre man indser sandheden. Så vil du forstå: "Hvem er det jeg elsker? Jeg elsker en person fordi jeg forventer at få noget fra ham. Jeg forventer at han skal opføre sig på en bestemt måde. I det øjeblik han begynder at opføre sig på en anden måde, forsvinder al min kærlighed. Så er det virkelig denne person eller mig selv jeg elsker?" Svaret vil blive tydeligt. Ikke gennem tankevirksomhed, men gennem din Vipassana-praksis. Og når du får denne direkte indsigt, vil du begynde at komme ud af din selviskhed. Så lærer du at udvikle ægte kærlighed til andre; uselvisk kærlighed; ensrettet trafik; at give uden at forvente at få noget igen.

Jeg arbejder i et område hvor der er mange hjemløse som holder deres hænder ud og siger: "Kan du undvære en mønt?"

Er det også sådan i Vesten? Jeg troede kun at der var tiggere i fattige lande!

Jeg ved at mange af de hjemløse er på stoffer. Så jeg har tænkt på om vi opmuntrer dem til at tage stoffer ved at give dem penge?

Det er derfor at du må sikre dig at de donationer du giver, bliver brugt fornuftigt. Ellers hjælper det ikke nogen. I stedet for at give dem penge, kan du hjælpe den slags folk med at komme ud af deres misbrug – det vil være en virkelig hjælp. Enhver handling du gør, skal være med visdom.

Når du siger "Vær lykkelig" er den anden side af det for mig "Vær trist".

Hvorfor være trist – kom ud af tristhed!

Jo, men jeg troede at vi arbejdede for at finde ligevægt.

Ligevægten gør dig glad. Hvis du er uligevægtig, er du trist. Vær ligevægtig; vær lykkelig!

Jeg troede det var "Vær ligevægtigt, vær tom."

Nej, nej. Ligevægt gør dig lykkelig, ikke tom. Du bliver positiv når du har et balanceret sind.

Risdesserten der var krum og skæv

Der var engang to små drenge som var meget fattige. De levede af at tigge mad fra hus til hus, både i byen og på landet. Den ene dreng var blind, og den anden hjalp ham; sådan gik de deres tiggerrunder sammen.

En dag blev den blinde dreng syg. Hans ven sagde: "Bliv her og hvil dig. Så går jeg en runde og tigger for os begge to, og tager maden med hjem til dig." Og så tog han afsted for at tigge.

Netop den dag var der nogen der gav drengen en meget lækker dessert: *khir* – en slags indisk risengrød. Han havde aldrig smagt denne dessert før, og syntes virkelig at den var lækker. Men desværre havde han ikke nogen beholder til at have den i, så han kunne ikke tage den med tilbage til sin ven, og spiste det hele selv.

Da han kom tilbage til sin ven, sagde han: "Det er virkelig ærgerligt; i dag var der nogen der gav mig en rigtig lækker dessert med mælk og ris, *khir*, men jeg kunne ikke tage noget af det med tilbage til dig."

Den blinde dreng spurgte: "Hvad er *khir*?"

"Jo, altså det er hvidt. Mælk er hvidt."

Eftersom han var født blind, kunne han ikke forstå hvad vennen mente: "Hvad er hvidt?"

"Ved du ikke hvad hvidt er?"

"Nej, det gør jeg ikke."

"Det er det modsatte af sort."

"Hvad er sort?" Han vidste heller ikke hvad sort var.

"Ej, prøv nu at forstå: Hvidt!" Men den blinde ven kunne ikke forstå hvad han mente. Så hans ven kiggede sig omkring og fik øje på en hvid trane. Han fik fat på den og tog den med hen til sin blinde ven: "Hvidt er ligesom den her fugl."

Eftersom han ikke kunne se, rakte han hånden frem og mærkede på tranen med sine fingre. "Ah, nu forstår jeg hvad hvidt er: Det er blødt!"

"Nej, nej, det har ikke noget at gøre med at være blødt! Hvidt er hvidt! Prøv nu at forstå det."

"Men du sagde at hvidt er ligesom den her trane, og jeg har undersøgt tranen og kan konkludere at den er blød. Så risdesserten er blød. Hvid betyder blød."

"Nej, du har ikke forstået det rigtigt. Prøv igen."

Den blinde dreng undersøgte tranen med sine fingre en gang til. Fra næbet til halsen, til kroppen og ud til halen. "Nårh, nu forstår jeg det: Risdesserten er krum og skæv!

Det var ikke muligt for ham at forstå det, eftersom han ikke havde evnen til at opleve hvad hvidt er. På samme måde vil virkeligheden altid være krum og skæv for dig, hvis du ikke har evnen til at opleve den som den er.

Kapitel 7

TRÆNING I VISDOM

Hverken *sīlā* eller *samādhi* er unik for Buddhas lære. Begge dele var velkendte og blev praktiseret før hans oplysning; faktisk studerede Buddha selv under to lærere som trænede ham i *samādhi*. Ved at undervise i *sīlā* og *samādhi* adskilte Buddha sig ikke fra lærerne i de konventionelle religioner. Alle religioner insisterer på at moralsk opførsel er nødvendigt og beskriver at man kan opnå lyksalighed, enten gennem bøn, ritualer, faste eller andre asketiske praksisser eller gennem forskellige former for meditation. Målet med sådanne praksisser er at nå et stadie af dyb mental absorption. Dette er den "ekstase" som religiøse mystikere oplever.

En sådan koncentration, selv hvis den ikke bliver udviklet helt op til trancestadierne, er en stor hjælp. Den beroliger sindet ved at aflede opmærksomheden fra de situationer som man ellers ville reagere på med begær og modvilje. At tælle langsomt til ti for at forhindre et vredesudbrud er en simpel form for *samādhi*. Andre måske mere åbenlyse eksempler, er repetition af et ord eller et mantra eller koncentration på et visuelt objekt. De virker allesammen: Når opmærksomheden henledes på et andet objekt, bliver sindet roligt og fredfyldt.

Den ro som udvikles på denne måde, er dog ikke virkelig befrielse. Der er ingen tvivl om at det er meget gavnligt at praktisere koncentration, men det har kun en effekt på den bevidste del af sindet. Næsten femogtyve århundreder før den moderne psykologi blev til, opdagede Buddha at der findes en ubevidst del af sindet, som han kaldte for **anusaya**. Han opdagede at det er effektivt at aflede opmærksomheden når man skal håndtere sindets begær og modvilje på det bevidste plan, men at det ikke fjerner dem. I stedet skubber det dem dybt ned i underbevidstheden, hvor de bliver ved med at være lige så farlige som før, selvom de er i dvale. På sindets overflade vil der muligvis være et lag af fred og harmoni, men i dybet er der en sovende vulkan af undertrykt negativitet som før eller siden vil gå i udbrud. Buddha sagde:

Hvis rødderne forbliver urørte og solidt plantet i jorden,
vil et fældet træ stadig sætte nye skud.
Hvis den underliggende vane med begær og modvilje ikke rives op med roden,
vil der opstå lidelse igen og igen.[33]

Så længe at der stadig er betingning tilbage i det ubevidste sind, vil den sætte friske skud ved først mulige lejlighed og skabe lidelse. Det var derfor at den fremtidige Buddha indså at han ikke var blevet fuldt befriet selvom han havde opnået de højeste tænkelige stadier af koncentration. Han besluttede derfor at fortsætte sin søgen efter vejen ud af lidelse og vejen til lykke.

Han kunne se to mulige veje. Den første er at gå efter nydelse, og sætte sig selv fri til at søge tilfredsstillelse af alle sine begær. Dette er den verdslige vej som de fleste faktisk følger, uanset om det er gået op for dem eller ej. Men det stod klart for Buddha at dette ikke kan føre til lykke. Der findes ikke nogen i hele universet som altid får deres begær opfyldt, og som lever et liv hvor alt det de ønsker sker, og der ikke sker noget uønsket. Folk der følger denne vej kan ikke undgå at lide når deres begær ikke bliver opfyldt; de lider fordi de oplever skuffelse og utilfredshed. Men de lider lige så meget når de får opfyldt deres begær; de lider på grund af frygten for at det begærede objekt vil forsvinde, at nydelsens øjeblik vil forsvinde og vise sig at være forbipasserende – hvilket det faktisk er. Så både når de søger nydelsen, når de opnår den og når de må undvære nydelsen, vil sådanne folk være urolige. Den fremtidige Buddha havde selv oplevet denne vej før han forlod det verdslige liv og blev en asket, og vidste derfor at det ikke kunne være en vej til fred.

Alternativet er at gå efter selvbeherskelse; at man bevidst afstår fra at få opfyldt sit begær. I datidens Indien for 2500 siden, blev denne vej gjort til en form for ekstrem selvfornægtelse hvor man undgik alle behagelige oplevelser og pådrog sig selv ubehagelige oplevelser.

Logikken bag denne selv-afstraffelse var at det ville få bugt med vanen med begær og modvilje og dermed rense sindet. Disse strenge asketiske praksisser findes inden for det religiøse liv over hele verden. Den fremtidige Buddha havde også oplevet denne vej i årene efter at han var gået over til et liv i hjemløshed. Han havde afprøvet forskellige asketiske praksisser til en sådan grad at hans krop var blevet reduceret til skin og ben. Men han fandt at han stadig ikke var befriet. At straffe kroppen, renser ikke sindet.

Selvbeherskelse behøver dog ikke at udøves i så ekstrem en grad. Man kan praktisere det i en mere moderat form ved at afstå fra de former for nydelse der involverer usunde eller skadelige handlinger. Denne form for selvkontrol lader til at være at foretrække frem for en vej hvor man giver frit løb for begæret, eftersom man i det mindste vil undgå umoralske handlinger på den måde. Men hvis selvkontrol kun bliver opnået ved at undertrykke sindet, vil det forøge de mentale spændinger i en farlig grad. Alle de undertrykte ønsker og længsler vil hobe sig op som flodvand bag en opdæmning af selvfornægtelse. Og en dag vil opdæmningen bryde sammen, og give frit løb for en flod af destruktivitet.

Så længe at der stadig er betingning i sindet, kan vi ikke være trygge eller have fred. Selvom det er gavnligt at praktisere *sīlā*, kan det ikke gøres ud af ren viljestyrke. Det hjælper at udvikle *samādhi*, men det er kun en delvis løsning, som ikke vil virke på sindets dyb, hvor rødderne til problemerne ligger, rødderne til urenhederne. Så længe at disse rødder ligger begravet i det ubevidste, kan der ikke være nogen virkelig, vedvarende lykke eller befrielse.

For at fjerne rødderne er der brug for en metode som kan gennemtrænge sindets dyb, så man kan håndtere urenhederne der hvor de begynder. Det er denne metode Buddha opdagede: træningen i visdom, eller *paññā*, som førte ham til oplysning. Det kaldes også *Vipassanā-bhāvanā*, udviklingen af indsigt i ens egen natur; indsigt der hjælper en til at forstå og fjerne årsagerne til lidelse. Dette var Buddhas opdagelse – det var det han praktiserede for selv at blive befriet og det han underviste andre i resten af sit liv. Visdommen er det unikke element i hans lære, det er den del han tillagde størst betydning. Han sagde mange gange: "Hvis koncentration bliver understøttet af moral, er koncentrationen meget frugtbar og gavnlig. Hvis visdom bliver understøttet af koncentration, er visdommen meget frugtbar og gavnlig. Hvis sindet bliver understøttet af visdom, bliver det fri fra alle urenheder."[34]

Moral og koncentration, *sīlā* og *samādhi*, er værdifulde i sig selv, men deres egentlige formål er at føre til visdom. Det er kun ved at udvikle *paññā* at vi finder en virkelig middelvej mellem de to ekstremer hvor den ene er at give frit løb for sit begær, og den anden er at undertrykke sig selv. Ved at praktisere moral, undgår vi de handlinger som fører til de mest udtalte former for mental uro. Ved at koncentrere sindet, beroliger vi sindet yderligere, og former det samtidigt til et effektivt værktøj til at begynde arbejdet med at undersøge os selv. Men det er kun ved at udvikle visdom at vi kan gennemtrænge virkeligheden indeni og befri os selv fra uvidenhed og tilknytninger.

To dele af den ædle ottefoldige vej hører til under visdom: ret tanke og ret forståelse.

Ret tanke

For at praktisere *Vipassanā-bhāvanā* er det ikke nødvendigt at meditationen er fri fra tanker. Der vil måske fortsat være tanker, men hvis opmærksomheden fastholdes fra øjeblik til øjeblik, er det nok til at kunne begynde arbejdet. Og selvom der måske stadig er tanker, vil tankemønstret have ændret sig. Modvilje og begær er blevet beroliget af bevidstheden om åndedrættet. Sindet er blevet roligt, i hvert fald på det bevidste plan, og er begyndt at tænke på Dhamma; på hvordan man kan komme ud af lidelse. De udfordringer der opstod da man begyndte at være opmærksom på åndedrættet, er nu drevet over, eller i hvert fald svundet i styrke. Man er nu klar til det næste skridt, ret forståelse.

Ret forståelse

Ret forståelse er den virkelige visdom. At tænke på sandheden er ikke nok. Vi er nødt til selv at opleve sandheden, vi må se tingene som de virkelig er, ikke som de forekommer at være. Den umiddelbare sandhed er virkelig, men vi er nødt til at trænge igennem den og opleve den ultimative sandhed om os selv og derved fjerne lidelsen.

Der er tre former for visdom: hørt visdom (**sutta-mayā paññā**), intellektuel visdom (**cintā-mayā paññā**) og erfaret visdom (**bhāvanā-mayā paññā**). Den bogstavelige betydning af **suta-mayā paññā** er "hørt visdom" – visdom som man har lært af andre, fx ved at læse bøger eller at lytte til prædikener eller foredrag. Dette er et andet menneskes visdom som man beslutter sig for at tage til sig som sin egen. Denne accept kan være baseret på uvidenhed. Eksempelvis vil folk der er vokset op i et fællesskab med en bestemt ideologi eller trosretning måske acceptere denne ideologi eller trosretning uden at stille spørgsmålstegn ved den. Eller måske accepterer man den på grund af begær. Lederne af fællesskabet vil måske fortælle at man kan sikre sig en fantastisk god fremtid, fx at man kommer i himlen efter døden, hvis man accepterer den etablerede ideologi eller de traditionelle trosforestillinger. Lyksaligheden i himlen lyder selvfølgelig ret tiltalende, og man er derfor hurtig til at acceptere det. Eller måske er ens accept baseret på frygt. Lederne fornemmer måske at folk har tvivl om og stiller spørgsmål ved fællesskabets ideologi, og presser dem til at godtage de alment accepterede trosforestillinger. De truer alle som ikke indordner sig med en ubærlig straf, fx at de kommer i helvedet efter døden. Folk har selvfølgelig ikke lyst til at komme i helvedet, og bider derfor deres tvivl i sig og tager fællesskabets trosforestillinger til sig.

Den anden form for visdom er intellektuel visdom. Efter at have læst eller hørt om en bestemt lære, undersøger man om den nu også virkelig er rationel, gavnlig og praktisk. Og hvis undersøgelsen falder tilfredsstillende ud, accepterer man det som værende sandt. Dette er stadig ikke ens egen indsigt, men en intellektuel undersøgelse af den visdom man har hørt.

Den tredje form for visdom er den der udspringer af ens egen personlige erfaring af sandheden. Dette er den form for visdom som man udlever, virkelig visdom som forandrer ens liv ved at forandre selve sindets natur.

I verdslige anliggender er erfaret visdom ikke altid nødvendig eller tilrådelig. Det er nok blot at acceptere andres advarsler om at ild er farligt, eller at ræsonnere sig frem til det. Det ville ret åbenlyst være dumt at insistere på at kaste sig selv ind i et flammehav, for at undersøge om det nu også brænder. I Dhamma er erfaret visdom dog nødvendig, eftersom det kun er denne form for visdom der kan befri os fra betingning.

Den hørte visdom og den intellektuelle visdom er til nytte hvis de vejleder og inspirerer os til at avancere til den tredje type af visdom, *panna*. Men hvis vi stiller os tilfreds med bare at acceptere den hørte visdom uden at stille spørgsmålstegn ved den, bliver den et fangenskab, en barriere for at opnå erfaret visdom. På samme måde vil al vores intellektuelle forståelse blive en barriere i stedet for en hjælp, hvis vi stiller os tilfreds med blot at tænke over sandheden og at undersøge og forstå den intellektuelt.

Hver og én af os må opleve sandheden gennem direkte erfaring ved at praktisere *bhāvanā*; det er kun denne levende erfaring der kan befri sindet. Ingen andres oplevelser af sandheden kan befri os. Selv Buddhas oplysning kunne kun befri én person – og det var Siddhata Gotama. En anden persons oplysning kan højst tjene til inspiration for andre, og give dem vejledning; i sidste ende er vi nødt til at gøre arbejdet selv. Som Buddha sagde:

Du er nødt til selv at gøre arbejdet;
Dem som har nået målet kan kun vise vejen.[35]

Sandheden kan kun leves og opleves direkte inde i en selv. Alt der befinder sig uden for os, vil altid være et stykke væk. Det er kun indeni at vi kan have en faktisk, direkte, levende oplevelse af virkeligheden. Af de tre former for visdom, er de to første ikke særegne for Buddhas lære; de fandtes også i Indien før ham. Og selv på hans egen tid, var der lærere der påstod at de underviste i det samme som Buddha.[36] Buddhas unikke bidrag til verden var en vej til personligt at opleve sandheden og derved udvikle erfaret visdom, **bhāvanā-mayā paññā**. Denne teknik til at opnå direkte indsigt i sandheden er **Vipassanā-bhāvanā**.

Vipassanā-bhāvanā

Vipassana bliver ofte beskrevet som en øjeblikkelig indsigt, en pludselig intuitiv forståelse af sandheden. Denne beskrivelse er korrekt, men der findes en metode som trin for trin fører de mediterende frem til det punkt hvor en sådan intuition er mulig. Denne metode er **Vipassanā-bhāvanā**, udviklingen af indsigt, i daglig tale kaldet Vipassana meditation.

Ordet "passana" betyder "at se" – den almindelige form for syn som vi har når vi har åbne øjne. Vipassana betyder at se på en særlig måde; iagttagelse af virkeligheden inde i en selv. Dette opnås ved at bruge ens egne fysiske kropsfornemmelser som objekt for meditationen. Teknikken er en systematisk og upartisk iagttagelse af kropsfornemmelserne inde i en selv. Denne iagttagelse lader hele virkeligheden om sind og krop vise sig.

Hvorfor kropsfornemmelser? Først og fremmest fordi det er gennem kropsfornemmelser at vi oplever virkeligheden direkte. Der er ikke noget der eksisterer for os med mindre at det kommer i kontakt med vores fem fysiske sanser eller sindet. Dette er de indgange som vi oplever verden igennem, grundlaget for alle oplevelser. Og når noget kommer i kontakt med de seks sanseindgange, opstår der altid en kropsfornemmelse. Buddha beskrev processen således: "Hvis nogen tager to pinde og gnider den ene mod den anden, opstår der en lille gnist på grund den varme som friktionen genererer. På samme måde opstår der en behagelig kropsfornemmelse, som et resultat af en kontakt der opleves som behagelig. Der opstår en ubehagelig kropsfornemmelse som et resultat af en kontakt der opleves som ubehagelig. Der opstår en neutral kropsfornemmelse som et resultat af en kontakt der opleves som neutral."[37]

Når sind og krop kommer i kontakt med et objekt, skaber det en "gnist" i form af en kropsfornemmelse. Kropsfornemmelserne er altså det led vi oplever verden igennem med alle dens fænomener, både fysiske og mentale. For at udvikle erfaret visdom, må vi være bevidste om det vi rent faktisk oplever; vi må udvikle bevidsthed om kropsfornemmelserne.

Derudover er de fysiske kropsfornemmelser tæt forbundne til sindet og reflekterer, ligesom åndedrættet, den nuværende sindstilstand. Når mentale objekter – tanker, idéer, forestillinger, følelser, minder, håb, bekymringer – kommer i kontakt med sindet, opstår der kropsfornemmelser. Hver eneste tanke, hver eneste følelse, hver eneste mentale handling, ledsages af en tilsvarende fornemmelse i kroppen. Når vi iagttager de fysiske kropsfornemmelser, iagttager vi derfor også sindet.

Kropsfornemmelserne er uundværlige når man vil undersøge sandheden dybtgående. Alt vi møder i verden vil fremkalde en fornemmelse i kroppen. Kropsfornemmelserne er den korsvej hvor sind og krop mødes. Selvom kropsfornemmelserne er fysiske af natur, udgør de også en af de fire mentale processer (se kapitel 2). De opstår i kroppen og mærkes af sindet. I en død krop eller i livløs materie, kan der ikke være nogen kropsfornemmelser, eftersom der ikke er noget sind til stede. Hvis vi ikke er opmærksomme på kropsfornemmelserne, vil vores undersøgelse af virkeligheden være ufuldkommen og overfladisk. Hvis man vil befri en have fra ukrudt, er man nødt til at få ukrudtets skjulte rødder med. På samme måde er vi nødt til at være opmærksomme på kropsfornemmelserne – hvoraf de fleste er skjulte for os det meste af tiden – for at kunne forstå vores natur og håndtere den på en passende måde.

Kropsfornemmelserne er konstant til stede i kroppen. Hver eneste kontakt, mental eller fysisk, skaber en fornemmelse i kroppen. Hver eneste biokemiske reaktion giver ophav til en kropsfornemmelse. I hverdagslivet er den bevidste del af sindet ikke skarpt og fokuseret nok til at være opmærksom på andet end de mest intense kropsfornemmelser. Men når vi har skærpet sindet gennem *ānāpāna-sati* og derved trænet opmærksomheden, bliver vi i stand til bevidst at opleve virkeligheden om hver eneste kropsfornemmelse indeni.

Når vi praktiserer bevidsthed om åndedrættet, går øvelsen ud på at iagttage naturligt åndedræt uden at forsøge at regulere det eller at ændre det. På samme måde iagttager vi blot kropsfornemmelserne i *Vipāssana-bhāvanā*. Vi bevæger opmærksomheden systematisk igennem kroppen, fra fødder til hoved og fra hoved til fødder, fra den ene legemsdel til den anden. Men mens vi gør det, leder vi ikke efter en bestemt type kropsfornemmelse, eller forsøger at undgå en anden type fornemmelser. Arbejdet indebærer kun at iagttage objektivt, at være opmærksom på de kropsfornemmelser der er i kroppen – uanset hvad det er for nogle. Det kan være alle slags fornemmelser: varme, kulde, tunghed, lethed, kløen, pulseren, vibration eller alt muligt andet. Den mediterende leder ikke efter noget ekstraordinært, men forsøger blot at iagttage almindelige fysiske kropsfornemmelser, som de naturligt opstår.

Der gøres heller ikke noget forsøg på at finde frem til årsagen til en bestemt kropsfornemmelse. Den kan opstå på grund af den omgivende atmosfære, på grund af den stilling man sidder i, på grund af en gammel sygdom eller svaghed eller endda på grund af den mad man har spist. Årsagen er uvæsentlig og ikke noget man skal bekymre sig om. Det vigtige er at være opmærksom på den kropsfornemmelse der opstår i nuet i den del af kroppen som opmærksomheden fokuserer på.

Når vi begynder denne praksis, vil det sandsynligvis være muligt for os at opfatte kropsfornemmelser i nogle dele af kroppen, men ikke i andre. Evnen til at være opmærksom er ikke fuldt udviklet endnu, så vi oplever kun de intense kropsfornemmelser, og ikke de finere, mere subtile fornemmelser. Vi bliver dog ved med at være opmærksomme på hver eneste del af kroppen, og bevæger opmærksomhedens fokus rundt i en systematisk rækkefølge, uden at give opmærksomheden lov til at drages af de mere fremtrædende kropsfornemmelser. I kraft af at vi har øvet os i at koncentrere sindet, har vi udviklet en evne til at fastholde opmærksomheden på et objekt som vi bevidst vælger. Nu bruger vi denne evne til at bevæge opmærksomheden rundt til hver del af kroppen i en fastsat rækkefølge, uden at springe over dele hvor kropsfornemmelserne er uklare og hen til dele hvor de er mere fremtrædende, eller at blive hængende ved nogle kropsfornemmelser og prøve at undgå andre. På denne måde når vi gradvist til det punkt hvor vi kan mærke kropsfornemmelser i hver eneste del af kroppen.

Når man begynder at praktisere opmærksomhed på åndedrættet, vil åndedrættet ofte være ret tungt og uregelmæssigt. Derefter bliver det gradvist roligere, og bliver lidt efter lidt lettere, finere og mere subtilt. Når man begynder at praktisere *vipāssana-bhāvanā* oplever man på samme måde at man til at begynde med ofte har grove, intense og ubehagelige kropfornemmelser, der lader til at vare i lang tid. Samtidig vil der måske opstå stærke følelser eller glemte tanker og minder, som vil medføre mentalt eller fysisk ubehag eller endda smerte. De forhindringer som vanskeliggjorde opmærksomheden på åndedrættet – begær, modvilje, sløvhed, uro og tvivl – vil måske dukke op igen, og få en sådan styrke at det bliver umuligt at opretholde opmærksomheden på kropsfornemmelserne. I en sådan situation har man ikke andet valg end at gå tilbage til at iagttage åndedrættet for at berolige sindet og gøre det skarpt igen.

Tålmodigt og uden nogen følelse af nederlag, arbejder man for at genetablere koncentrationen med forståelsen af at disse vanskeligheder faktisk er et resultat af den succes man havde til at begynde med. Vanemønstre, som har været dybt begravet, er nu blevet vækket og er begyndt at vise sig på det bevidste plan. Lidt efter lidt, med en vedvarende indsats, men uden anspændthed, bliver sindet igen roligt og fokuseret. De stærke tanker eller følelser driver over, og man kan vende tilbage til opmærksomheden på kropsfornemmelserne. Og med gentagen, kontinuerlig praksis, plejer de intense kropfornemmelser at opløse sig til mere ensartede, subtile fornemmelser, og til sidst til bare at være vibrationer, som opstår og forgår med stor hastighed.

Men i meditationen er det irrelevant om kropsfornemmelserne er behagelige eller ubehagelige, intense eller subtile, ensartede eller forskelligartede. Opgaven er ganske enkelt at iagttage dem objektivt. Uanset hvilket ubehag de ubehagelige kropsfornemmelser fører med sig, og uanset hvilket behag de behagelige kropfornemmelser fører med sig, stopper vi ikke vores arbejde; vi tillader ikke os selv at blive indfanget af nogen kropsfornemmelse; vores arbejde er blot at iagttage med samme objektivitet og ubundethed som en videnskabsmand der observerer noget i et laboratorium.

Ubestandighed, egoløshed og lidelse

Efterhånden som vi fortsætter med at meditere, indser vi en grundlæggende realitet: Vores kropsfornemmelser forandrer sig konstant. I hvert eneste øjeblik, i hver eneste del af kroppen, opstår der en kropsfornemmelse, og hver eneste kropsfornemmelse er en indikation på at der sker en forandring. Hvert eneste øjeblik sker der forandringer i hver eneste del af kroppen, elektromagnetiske og biokemiske reaktioner. Hvert eneste øjeblik, og endda endnu hurtigere, forandrer de mentale processer sig og manifesterer sig som fysiske forandringer.

Dette er virkeligheden om sind og materie: Det forandrer sig, og det er ubestandigt – **anicca**. Hvert eneste øjeblik opstår og forgår de subatomare partikler som kroppen består af. Hvert eneste øjeblik opstår og forgår de mentale funktioner, den ene efter den anden. Alt inde i én selv forandrer sig hvert eneste øjeblik, ligesom det gør i verden udenfor. Tidligere har vi måske godt været klar over at det var sådan det forholdt sig; vi har måske forstået det rent intellektuelt. Men nu oplever vi forandringen direkte inden for kroppens rammer ved at praktisere *vipāssanabhāvanā*. Vores forgængelige natur bliver håndgribelig på grund af den direkte oplevelse af de forbipasserende kropfornemmelser.

Hver eneste partikel i kroppen, hver eneste proces i sindet, er i en konstant strøm. Der er ikke noget der varer længere end et eneste øjeblik, ingen hård kerne som man kan klynge sig til, ikke noget man kan kalde "jeg" eller "min". Dette "jeg" er i virkeligheden bare en kombination af processer som hele tiden forandrer sig.

Således begynder den mediterende at forstå en anden grundlæggende realitet: **Anatta** – der er ikke noget virkeligt "jeg", ikke noget permanent selv eller ego. Dette "jeg" som man er så dedikeret til, er en illusion som er skabt af en kombination af mentale og fysiske processer, processer i en konstant strøm. Når man har udforsket krop og sind helt ned til det dybeste plan, ser man at der ikke er nogen uforanderlig kerne, ingen essens som består uafhængigt af processerne, intet der er fritaget fra loven om ubestandighed. Der findes kun et upersonligt fænomen som forandrer sig, uden at man har kontrol over det.

Herefter vil en anden realitet blive tydelig: Ethvert forsøg på at holde fast i noget og sige at "dette er jeg, dette er mig, dette er mit", vil gøre én ulykkelig, eftersom enten det man klynger sig til, eller dette "jeg", vil forgå. Tilknytning til det der er ubestandigt, forbipasserende, illusorisk og uden for ens kontrol, er lidelse, **dukkha**. Vi forstår alt dette fordi vi oplever det indeni ved at iagttage kropsfornemmelserne, og ikke fordi nogen fortæller os at det forholder sig sådan.

Sindsligevægt

Hvordan kan man så undgå at gøre sig selv ulykkelig? Hvordan kan man leve uden lidelse? Det kan man ved at iagttage uden at reagere: I stedet for at prøve at beholde en oplevelse og undgå en anden, at holde noget tæt ind til sig og skubbe noget andet væk, undersøger man blot ethvert fænomen objektivt, med sindsligevægt, med et balanceret sind.

Det lyder måske enkelt, men hvad sker der når vi sidder og mediterer i en time og efter ti minutter får ondt i knæet? Vi begynder omgående at have modvilje mod smerten og vil have at den skal gå væk! Men den går ikke væk – tværtimod; jo mere vi reagerer mod den, jo stærkere bliver den. Den fysiske smerte bliver til en mental smerte, som gør oplevelsen decideret pinefuld.

Hvis vi bare i et enkelt øjeblik kan lære blot at iagttage den fysiske smerte; hvis vi endda bare midlertidigt kan komme ud af illusionen om at det er *vores* smerte, at *vi* føler smerte, hvis vi kan iagttage kropsfornemmelsen objektivt, som en læge der undersøger en anden persons smerte, så ser vi at smerten forandrer sig. Den varer ikke ved for evigt; hvert eneste øjeblik forandrer den sig, forgår, begynder igen, forandrer sig igen.

Når vi forstår dette gennem vores egen erfaring, oplever vi at smerten ikke længere kan overmande os og kontrollere os. Måske går den hurtigt over, måske ikke, men det er lige meget. Smerten får os ikke længere til at lide eftersom vi kan iagttage den objektivt.

Vejen til befrielse

Ved at udvikle opmærksomhed og sindsligevægt kan man befri sig selv fra lidelse. Lidelse begynder på grund af uvidenhed om ens egen virkelighed. I uvidenhedens mørke, reagerer sindet med at synes om og ikke at synes om, med begær og modvilje. Enhver reaktion af denne type vil skabe lidelse nu og her, og sætter også gang i en kæde af hændelser som vil skabe lidelse i fremtiden.

Hvordan kan denne kæde af årsag og effekt brydes? På grund af tidligere handlinger foretaget i uvidenhed, er livet begyndt; strømmen af sind og materie er begyndt. Skal man så begå selvmord? Nej, det vil ikke løse problemet. I det øjeblik man tager livet af sig selv, vil sindet være fuld af lidelse, fuld af modvilje. Så hvad end der følger herefter, vil også være fuldt af lidelse. En sådan handling kan ikke føre til lykke.

Livet er begyndt, og man kan ikke slippe væk fra det. Skal man så ødelægge de seks sanseindgange? Man kunne rive øjnene ud, skære tungen af, fjerne næsen og ørerne. Men hvordan kan man ødelægge kroppen? Hvordan kan man ødelægge sindet? Så er vi igen ude i selvmord, hvilket er nytteløst.

Skal man så ødelægge objekterne for de seks sanseindgange, alle lydene, alt det man ser, osv.? Dette er ikke muligt. Universet er fuld af utallige objekter; det ville aldrig kunne lade sig gøre at ødelægge dem alle sammen. Når de seks sanseindgange eksisterer, er det umuligt at forhindre dem i at få kontakt med deres respektive objekter. Og så snart der opstår kontakt, vil der være en kropsfornemmelse.

Men det er her at kæden kan brydes. Det afgørende led er kropsfornemmelserne. Hver eneste kropsfornemmelse giver ophav til reaktioner af at synes om og at ikke synes om. Disse momentvise, ubevidste reaktioner mangfoldiggøres med det samme, og forstærkes, så de bliver til begær og modvilje, til tilknytning som skaber lidelse både her og nu og i fremtiden. Dette bliver en blind vane som man gentager mekanisk.

Men ved at praktisere *vipāssana-bhāvanā,* udvikler vi bevidsthed om alle kropsfornemmelser. Og vi udvikler sindsligevægt: Vi reagerer ikke. Vi undersøger kropsfornemmelserne ulidenskabeligt, uden at kunne lide eller ikke at kunne lide dem, uden begær eller modvilje, uden tilknytning. I stedet for at fremkalde nye reaktioner, vil kropsfornemmelserne nu fremkalde visdom, *paññā,* indsigt: "Dette er ubestandigt, det vil forandre sig, det vil forgå."

Kæden er blevet brudt, og lidelsen er blevet stoppet. Der er ikke flere nye reaktioner af begær og modvilje, og derfor ingen årsag som lidelsen kan opstå fra. Årsagen til lidelsen er *kamma*, den mentale handling, altså den blinde reaktion af begær og modvilje, *saṅkhāra*. Når sindet er bevidst om kropsfornemmelsen og samtidig ligevægtigt, er der ikke nogen reaktion, ikke nogen årsag som vil skabe lidelse for os.

Buddha sagde:

Alle saṅkhāraerne er ubestandige.
Når du forstår dette med sand indsigt,
vil du blive befriet fra lidelse;
dette er vejen til renselse.[38]

Her har ordet *saṅkhāra* en meget bred betydning. Når sindet reagerer blindt, kaldes det for en *saṅkhāra*, men resultatet af denne handling, dens frugt, kaldes også en *saṅkhāra;* som frøet er, vil frugten blive. Alt vi møder i vores liv er i sidste ende et resultat af vores egne mentale handlinger. I sin bredeste betydning, betyder *saṅkhāra* derfor alt i denne betingede verden, hvad end der er blevet formet, skabt, sammensat. Deraf: "Alle skabte ting er ubestandige", uanset om det er mentalt eller fysisk, alt i universet. Når man iagttager denne sandhed med erfaret visdom ved at praktisere *vipāssana-bhāvanā*, forsvinder lidelsen, fordi man fjerner sig fra årsagerne til lidelse; altså, man giver slip på vanen med begær og modvilje. Dette er vejen til befrielse.

Hele øvelsen går ud på at lære hvordan man undlader at reagere, hvordan man undlader at skabe en ny *saṅkhāra.* Der opstår en kropfornemmelse, og sindet begynder at synes om og at ikke synes om. Hvis man ikke er opmærksom i dette korte øjeblik, gentages reaktionen og den forstærkes til begær og modvilje. Den vokser sig til en stærk følelse som før eller siden overmander det bevidste sind. Vi bliver indfanget i følelsen, og vores gode dømmekraft bliver sat til side. Som et resultat begynder vi at tale og handle på en usund måde, som skader os selv og andre. Vi skaber lidelse for os selv, lidelse både nu og i fremtiden, på grund af et enkelt øjebliks blinde reaktion.

Men hvis vi er opmærksomme på det punkt hvor reaktionsprocessen begynder – dvs. hvis vi er opmærksomme på kropsfornemmelsen – kan vi vælge ikke at tillade nogen reaktion at opstå eller forstærkes. Vi iagttager kropsfornemmelsen uden at reagere ved hverken at synes om den eller at ikke synes om den. Den får ikke nogen chance for at udvikle sig til begær og modvilje, til stærke følelser der kan overmande os; den opstår og forgår bare. Sindet er balanceret og fredfyldt. Vi er lykkelige nu, og vi kan også forvente at være lykkelige i fremtiden, eftersom vi ikke har reageret.

Denne evne til ikke at reagere er meget værdifuld. I de øjeblikke hvor vi er opmærksomme på kropsfornemmelserne og samtidig er ligevægtige, er sindet frit. Til at begynde med vil der måske kun være få af sådanne øjeblikke i løbet af en meditation, og resten af tiden vil man måske være sunket ned i det gamle vanemønster med at reagere på kropsfornemmelserne, den sædvanlige omgang med begær, modvilje og lidelse. Men med gentagen øvelse, vil disse få øjeblikke blive til sekunder, som vil blive til minutter, indtil det gamle vanemønster til sidst vil blive opløst, og sindet forbliver fredfyldt. Det er sådan lidelse kan stoppes. Det er sådan vi kan holde op med at skabe lidelse for os selv.

Spørgsmål og svar

SPØRGSMÅL: Hvorfor skal man bevæge opmærksomheden gennem kroppen i en bestemt rækkefølge?

S.N. GOENKA: Fordi du arbejder hen imod at opleve virkeligheden om hele sindet og hele kroppen. For at kunne gøre dette må du udvikle evnen til at mærke hvad der sker i hver eneste del af kroppen; ingen del bør forblive blank. Og du må også udvikle evnen til at kunne iagttage hele spektret af kropsfornemmelser. Det er sådan Buddha beskrev praksissen: "Overalt inden for kroppens rammer oplever man kropsfornemmelser, hvor end i kroppen der er liv."[39] Hvis du tillader opmærksomheden at bevæge sig tilfældigt rundt fra den ene del til den anden, fra den ene kropsfornemmelse til den anden, vil sindet naturligt blive tiltrukket af de områder hvor der er stærke fornemmelser. Du vil forsømme visse dele af kroppen, og du vil ikke lære hvordan man iagttager de mere subtile kropsfornemmelser. Din iagttagelse vil være halv, ufuldkommen, overfladisk. Derfor er det essentielt altid at bevæge opmærksomheden rundt i en rækkefølge.

Hvordan ved vi at vi ikke skaber kropsfornemmelser?

Du kan give dig selv en test. Hvis du ikke er sikker på at de kropsfornemmelser du mærker er virkelige, kan du give dig selv to eller tre ordrer, autosuggestioner. Hvis du oplever at kropsfornemmelserne ændrer sig i forhold til dine ordrer, ved du at de ikke er virkelige. Hvis det sker, må du lægge oplevelsen til side og begynde igen, ved at iagttage åndedrættet i noget tid. Men hvis du oplever at du ikke kan kontrollere kropsfornemmelserne, at de ikke følger dine ordrer, så må du lægge tvivlen til side, og acceptere at oplevelsen er virkelig.

Hvis disse kropsfornemmelser er virkelige, hvorfor mærker vi dem så ikke i dagligdagen?

Det gør man også på det ubevidste plan. Den bevidste del af sindet er ikke opmærksom på det, men hvert eneste øjeblik mærker den ubevidste del af sindet kropsfornemmelserne og reagerer på dem. Denne proces foregår 24 timer i døgnet. Men ved at praktisere Vipassana nedbryder man barrieren mellem det bevidste og det ubevidste. Man bliver opmærksom på alt det der sker i den psykosomatiske struktur, man bliver opmærksom på alt hvad man oplever.

Det lyder masochistisk bevidst at lade sig selv føle fysisk smerte.

Det ville det også være hvis du kun blev bedt om at opleve smerte. Men du bliver bedt om at iagttage smerte objektivt. Når du iagttager smerte uden at reagere, vil sindet automatisk begynde at trænge igennem den umiddelbare virkelighed om smerten og ned til dens subtile natur, som blot består af vibrationer der opstår og forgår hvert øjeblik. Og når du oplever denne subtile virkelighed, kan smerten ikke styre dig længere. Du er din egen herre, du er fri fra smerten.

Men smerten kan jo fx være opstået fordi blodtilførslen er blevet stoppet i en del af kroppen. Er det klogt at ignorere det signal?

Altså, det er vores erfaring at denne øvelse ikke gør nogen skade; hvis den gjorde det, ville vi ikke anbefale den. Tusindvis af folk har praktiseret denne teknik, og jeg har ikke hørt om et eneste tilfælde hvor en person der praktiserede korrekt, har skadet sig selv. Den generelle oplevelse er at kroppen bliver mere bøjelig og smidig. Smerten går væk når du lærer at møde den med et balanceret sind.

Er det ikke muligt at praktisere Vipassana ved at iagttage en hvilken som helst af de seks sanseindgange, fx at iagttage øjets kontakt med synet og ørets kontakt med lyd?

Jo, uden tvivl. Men den iagttagelse skal involvere iagttagelse af kropsfornemmelserne. Når der er kontakt ved en af de seks sanseindgange – øje, øre, næse, tunge, krop, sind – skabes der en kropsfornemmelse. Hvis du ikke er opmærksom på den, overser du det punkt hvor reaktionen begynder. De fleste af sanseindgangene har ikke kontinuerlig kontakt; nogle gange vil øret høre en lyd, andre gange ikke. Men på det dybeste plan er der en kontakt mellem sind og materie hvert eneste øjeblik, som fremkalder kropsfornemmelser. Af denne årsag er iagttagelse af kropsfornemmelserne den mest tilgængelige og håndgribelige måde at opleve fænomenet ubestandighed på.

Hvis vi bare skal acceptere og iagttage alt som det kommer, hvordan kan der så ske fremskridt?

Fremskridt måles i forhold til om du udvikler sindsligevægt. Reelt set har du ikke andre valg end at være sindsligevægtig, eftersom du hverken kan ændre kropsfornemmelser eller skabe kropsfornemmelser. Det er lige meget hvad der kommer; det kan være behageligt eller ubehageligt, af den ene eller den anden type, men hvis du forbliver sindsligevægtig, gør du helt sikkert fremskridt. Du bryder det gamle vanemønster med at reagere.

Sådan er det når man mediterer. Men hvordan fungerer det i forhold til hverdagslivet?

Når der opstår et problem i hverdagslivet, så brug et par øjeblikke på at iagttage dine kropsfornemmelser med et ligevægtigt sind. Når sindet er roligt og balanceret, vil de beslutninger du tager også være gode. Når sindet er ubalanceret, vil dine beslutninger være reaktioner. Du må lære at ændre livsmønstret fra at være negative reaktioner til at være positive handlinger.

Så hvis man, uden at være vred eller kritisk, ser noget som kunne gøres på en bedre måde, så skal man føle sig fri til at udtrykke sig selv?

Ja. Du er nødt til at handle. Livet kalder på handling; du bør ikke være passiv. Men man bør handle med et balanceret sind.

I dag arbejdede jeg på at mærke en kropsfornemmelse i et område der var uklart, og den kropsfornemmelse der opstod, gav mig et kick; det føltes præcis som at have slået et home run. Og jeg hørte mig selv råbe indeni: "Godt!" Og så tænkte jeg: "Åh nej, sådan vil jeg ikke reagere." Men mit spørgsmål er: Når jeg vender tilbage til verden, hvordan kan jeg så tage til en baseball-kamp eller fodboldkamp og ikke reagere?

Du vil *handle*! Selv når du er til fodboldkamp, vil du handle frem for at reagere, og du vil opdage at du virkelig nyder det. En fornøjelse som ledsages af den anspændthed som en reaktion medfører, er ikke en rigtig fornøjelse. Når reaktionen ophører, forsvinder anspændtheden, og du kan virkelig begynde at nyde livet.

Så jeg kan godt hoppe op og ned og råbe hurra?

Ja, med sindsligevægt. Du hopper med sindsligevægt.

Hvad så når mit hold taber?

Så smiler du og siger: "Vær lykkelig!" Vær lykkelig i alle situationer!

Det er vist det grundlæggende budskab.

Ja!

De to ringe

Engang døde en gammel, rig mand og efterlod sig to sønner. De to sønner fortsatte med at leve sammen i det samme hus i en storfamilie, som man gør traditionelt i Indien. Efter noget tid blev de uvenner og besluttede at flytte fra hinanden og dele ejendommen mellem sig. Alt blev delt ligeligt, og således fik de ordnet deres anliggender. Men efter alt var blevet fordelt, blev der fundet en lille pakke, som deres far havde forvaret særligt omhyggeligt. De åbnede pakken, og fandt to ringe; den ene var besat med en værdifuld diamant, og den anden var en billig sølvring, som ikke var mere end et par rupees værd.

Da den ældre bror så diamanten udviklede han grådighed i sindet, og begyndte at forklare den yngre bror: "Jeg synes at det ser ud til at den her ring ikke er noget som vores far selv har købt, men at den er et arvestykke fra vores forfædre. Det er derfor han har holdt den adskilt fra de andre ejendele. Og eftersom den har været i vores familie i generationer, bør den også bevares for de fremtidige generationer. Og nu hvor at jeg er den ældste, bør jeg forvare den. "

Den yngre bror smilede og sagde: "Okay, vær glad for din diamantring, så er jeg glad for min sølvring." De tog hver deres ring på, og gik hver til sit.

Den yngre bror tænkte ved sig selv: "Det er let nok at forstå at min far passede godt på diamantringen; den er så kostbar. Men hvorfor passede han så godt på den her simple sølvring?" Han undersøgte ringen omhyggeligt, og opdagede at der var indgraveret nogle ord på den: "Dette vil også ændre sig!" "Aha, det må være min fars mantra: "Dette vil også ændre sig!"" Han tog ringen på igen.

Begge brødre mødte både medgang og modgang i livet. Når det blev forår, blev den ældre bror stærkt opstemt og overvældet, og mistede sin sindsligevægt. Når det blev efterår og vinter, blev han dybt deprimeret og mistede igen sin mentale balance. Han blev mere og mere anspændt og fik forhøjet blodtryk og kunne ikke sove om natten. Han begyndte at tage sovepiller, så beroligende medicin, og så stærkere medicin. Til sidst måtte han behandles med elektrochok. Dette var broren med diamantringen.

Og så var der den yngre bror med sølvringen. Den yngre bror nød foråret når det kom; han prøvede ikke at flygte fra det. Han nød det, men han kiggede på sin ring og huskede: "Dette vil også ændre sig!" Og når det ændrede sig, kunne han smile og sige: "Jeg vidste jo godt at det ville ændre sig; nu har det ændret sig – og hvad så!" Når det blev efterår og vinter, kiggede han igen på sin ring og sagde: "Dette vil også ændre sig." Han begyndte ikke at klynke over det, eftersom han vidste at dette også ville ændre sig. Igennem alle opture og nedture, alle livets medvinde og modvinde, vidste han at alt kommer blot for at forgå igen. Han mistede ikke sin sindsligevægt og han levede et fredfyldt, lykkeligt liv. Sådan gik det broren med sølvringen.[39]

Kapitel 8

AT VÆRE BEVIDST OG SINDSLIGEVÆGTIG

At være bevidst og sindsligevægtig – dette er Vipassana meditation. Når man er begge dele på samme tid, fører det til frihed fra lidelse. Hvis den ene kvalitet er svag eller mangler, er det ikke muligt at gøre fremskridt mod målet. Begge kvaliteter er nødvendige, på samme måde som en fugl har brug for to vinger for at kunne flyve eller en kærre har brug for to hjul for at kunne trækkes. Og de skal også være lige stærke. Hvis en fugls ene vinge er svag og den anden er stærk, kan den ikke flyve ordentligt; hvis det ene hjul på kærren er lille og det andet hjul er stort, vil den køre rundt i cirkler. Den mediterende må både udvikle evnen til at være bevidst og evnen til at være sindsligevægtig for at kunne gøre fremskridt på vejen.

Vi bevæger os henimod at blive bevidste om hele kroppen og hele sindet i deres mest subtile form. For at nå dette mål er det ikke nok at være bevidst om de overfladiske aspekter af krop og sind som fx fysiske bevægelser eller tanker. Vi er nødt til at udvikle bevidsthed om kropsfornemmelserne i hele kroppen og bevare sindsligevægten med dem.

Hvis vi er bevidste, men mangler sindsligevægt, vil den øgede bevidsthed om og sensitivitet over for kropsfornemmelserne sandsynligvis betyde at vi begynder at reagere mere på kropsfornemmelserne, og derved begynder at skabe mere lidelse for os selv. Men hvis vi på den anden side er sindsligevægtige, men ikke mærker kropsfornemmelserne indeni, så er denne sindsligevægt kun overfladisk, og skjuler de reaktioner der konstant foregår i det ubevidste i sindets dyb. Vi sigter således efter at være bevidste om alt der sker indeni og på samme tid lade være med at reagere på det, eftersom vi forstår at det vil ændre sig.

Dette er sand visdom: forståelsen af ens egen natur, en forståelse der er opnået gennem direkte oplevelse af sandheden inde i en selv. Det er det Buddha kaldte for **yathā-bhūta-ñāna-dassana**: den visdom der opstår ved at iagttage virkeligheden som den er. Med denne visdom kan man komme ud af lidelse. Enhver kropsfornemmelse der opstår, vil blot fremkalde forståelsen af ubestandighed. Alle reaktioner ophører, alle *saṅkhāras* af begær og modvilje. Ved at lære hvordan man kan iagttage virkeligheden objektivt, lærer man at holde op med at skabe lidelse for sig selv.

Lageret af gamle reaktionsmønstre

Ved at være bevidst og balanceret skaber man ikke længere nye reaktioner, nye kilder til lidelse. Men dette gør ikke en ende på al ens lidelse med det samme. For selvom man ikke skaber nogen fremtidig årsag til lidelse for sig selv når man holder op med at reagere, vil man stadig bære rundt på et lager af gamle vanemønstre – den samlede sum af vores tidligere reaktioner. Selv hvis vi ikke tilføjer noget nyt til lageret, vil de akkumulerede gamle *saṅkhāras* stadig skabe lidelse for os.

Ordet *saṅkhāra* kan oversættes som "formation"; både det at give form og det der bliver formgivet. Hver eneste reaktion er det sidste trin, resultatet af en serie af mentale processer. Men det kan også være det første trin; årsagen til en ny serie af mentale hændelser. Hver *saṅkhāra* er både betinget af de processer der fører frem til den, og betinger også selv de processer der følger den.

Betingningen fungerer ved at påvirke den anden af de mentale funktioner, evalueringen (dette behandles i kapitel 2). Bevidsthed er af natur ikke-vurderende og ikke-diskriminerende. Dens formål er blot at registrere at der er opstået kontakt i sind eller krop. Evaluering er derimod kategoriserende. Den evaluerer og kategoriserer nye fænomener ud fra tidligere erfaringer. Tidligere reaktioner bliver en referenceramme som vi forsøger at forstå de nye oplevelser ud fra; vi vurderer dem og kategoriserer dem ud fra vores tidligere *saṅkhāras*.

På denne måde påvirker vores gamle reaktioner af begær og modvilje vores opfattelse af nuet. I stedet for at se virkeligheden, ser vi "gennem farvet glas". Vores opfattelse af verden udenfor og verden indeni er forvrænget og sløret af vores tidligere betingning, vores præferencer og fordomme. Som et resultat af denne forvrængede opfattelse, bliver en kropsfornemmelse der grundlæggende er neutral, omgående behagelig eller ubehagelig. Denne kropsfornemmelse reagerer vi så på igen, og skaber således ny betingning som forvrænger vores opfattelse yderligere. Således bliver hver reaktion en årsag til fremtidige reaktioner, der alle er betinget af den tidligere betingning og som også selv betinger fremtiden.

Den dobbelte funktion af *saṅkhāra* ses i afsnittet om *kæden af betinget opståen* (se kapitel 4). *Saṅkhāra* er det andet led i kæden, og er den direkte forudsætning for at den første af de fire mentale processer, bevidstheden, opstår. Men *saṅkhāra* dukker også op senere i kæden som det sidste trin i de fire mentale processer. Her følger den efter bevidsthed, evaluering og kropsfornemmelse, og opstår som en reaktion af begær og modvilje på kropsfornemmelserne. Begær og modvilje udvikler sig til tilknytning, og denne tilknytning giver et skub der starter en ny serie af mental og fysisk aktivitet. Således giver processen næring til sig selv. Hver eneste *saṅkhāra* sætter gang i en kæde af hændelser, som så resulterer i en ny *saṅkhāra,* som sætter gang i en ny kæde af hændelser; det er en endeløs gentagelse, en ond cirkel. Hver gang vi reagerer, forstærker vi den mentale vane med at reagere. Hver gang vi udvikler begær og modvilje, forstærker vi sindets tendens til at udvikle begær og modvilje. Når det mentale vanemønster er blevet rodfæstet, sidder vi fast i det.

Lad os sige at en mand forsøger at forhindre en person i at få noget som han gerne vil have. Den person som er blevet forhindret, synes at den anden mand er et dårligt menneske og kan ikke lide ham. Denne opfattelse er ikke baseret på mandens karakter, men på det faktum at han er kommet i vejen for den forhindrede mands ønsker. Men denne opfattelse bliver indprentet i det ubevidste hos den forhindrede mand. Al den kontakt han efterfølgende har med den anden mand, bliver farvet af denne opfattelse, og fremkalder ubehagelige kropsfornemmelser, som skaber ny modvilje, som igen forstærker hans negative indtryk af manden yderligere. Selv hvis de to mænd mødes igen efter 20 år, vil den mand der blev forhindret igen opfatte den anden mand som et rigtig dårligt menneske, og vil igen føle afsky for ham. Efter 20 år vil han måske været et helt andet menneske, men den forhindrede mand dømmer ham ud fra sin tidligere erfaring. Han reagerer ikke på selve manden, men på sin opfattelse af ham, som til at begynde med var baseret på en blind reaktion, og derfor var farvet.

I et andet tilfælde hjælper en mand en person med at få noget han gerne vil have. Personen der har fået hjælp synes at den anden er et godt menneske og kan godt lide ham. Denne opfattelse er udelukkende baseret på det faktum at manden har hjulpet ham med at få sine ønsker opfyldt, og ikke på en omhyggelig vurdering af mandens personlige egenskaber. Denne positive opfattelse lagres i det ubevidste, farver enhver efterfølgende kontakt med manden, og fremkalder behagelige kropsfornemmelser, hvilket resulterer i at han synes endnu bedre om manden og at hans positive indtryk af ham forstærkes. Uanset hvor mange år der går før at de to mødes igen, vil det samme mønster gentage sig igen hver gang de mødes. Manden der fik hjælp, reagerer ikke på den mand der hjalp ham, men på sin egen opfattelse af ham, baseret på en reaktion der fra begyndelsen var blind.

Således kan en *saṅkhāra* forårsage nye reaktioner, både med det samme og i en fjern fremtid. Og hver ny reaktion bliver årsag til yderligere reaktioner, som bare bringer mere lidelse med sig. Det er en proces af gentagne reaktioner, gentagen lidelse. Vi tror at det er en ydre virkelighed vi forholder os til og reagerer på, men faktisk er det kropsfornemmelserne vi reagerer på. Disse er betinget af vores opfattelse, som igen er betinget af vores reaktioner. Selv hvis vi fra dette øjeblik holder op med at skabe *saṅkhāras,* kan vi stadig regne med at skulle håndtere de gamle *saṅkhāras* fra fortiden. På grund af den gamle ophobning af *saṅkhāras,* vil tendensen til at reagere forblive og kan når som helst blusse op, og skabe ny lidelse for os. Så længe at dette gamle vanemønster fortsætter, kan vi aldrig være helt fri fra lidelse.

Hvordan kan man så fjerne de gamle reaktioner? For at finde svaret på dette spørgsmål, er det nødvendigt med en dybere forståelse af processen i Vipassana meditation.

At fjerne gammel betingning

Når vi praktiserer Vipassana, går øvelsen helt enkelt ud på at iagttage kropsfornemmelser i hele kroppen. Vi behøver ikke at bekymre os om årsagen til en bestemt kropsfornemmelse; det er nok at forstå at alle kropsfornemmelser er en indikation på at der foregår en forandring indeni. Forandringen kan enten have en mental eller en fysisk årsag; sind og krop fungerer i samspil med hinanden og kan ofte ikke adskilles. Det der forekommer på det ene plan, vil sandsynligvis reflekteres på det andet.

På det fysiske plan består kroppen af subatomare partikler – *kalāpas* – som hvert øjeblik opstår og forgår med stor hastighed (se kapitel 2). Når dette sker, manifesterer de sig i en uendelig variation af kombinationer af de grundlæggende egenskaber ved materie: masse, sammenhæng, temperatur og bevægelse. De giver herved ophav til hele vores spektrum af kropsfornemmelser.

Der er fire mulige årsager til at der opstår *kalāpas*. Den første er den mad vi spiser og den anden er den atmosfære vi lever i. Derudover har alt hvad der sker i sindet også en effekt på kroppen, og kan ligeledes være årsag til at der opstår *kalāpas*. Der kan derfor også opstå partikler på grund af den mentale reaktion i et givent øjeblik, eller på grund af en reaktion fra fortiden, som påvirker den mentale tilstand.

Kroppen har brug for mad for at kunne fungere. Men selvom man holder op med at indtage mad, vil kroppen ikke dø med det samme. Hvis der er brug for det, kan den holde sig selv i live i ugevis ved at tære på sine depoter. Når al den oplagrede energi er fortæret, vil kroppen til sidst bukke under og kollapse; den fysiske strøm af krop vil ophøre. På samme måde har sindet brug for aktivitet for at kunne opretholde strømmen af bevidsthed. Denne mentale aktivitet er *saṅkhāra.* Ifølge kæden af betinget opståen, udspringer bevidsthed af reaktion; enhver mental reaktion giver et skub til strømmen af bevidsthed. Men hvor kroppen kun kræver mad et par gange i løbet af en dag, har sindet brug for konstant ny stimulering. Uden det, ville strømmen af bevidsthed ikke kunne fortsætte i et eneste øjeblik. Hvis man i et givent øjeblik udvikler modvilje, vil den bevidsthed der opstår i det næste øjeblik være et produkt af denne modvilje. Og sådan fortsætter det, øjeblik efter øjeblik; man gentager reaktionen af modvilje igen og igen, og bliver således ved med at stimulere sindet.

Ved at praktisere Vipassana lærer den mediterende at lade være med at reagere. I et givent øjeblik udvikler man ikke nogen ny *saṅkhāra*, man giver ikke sindet nogen ny stimulation. Hvad sker der så med den mentale strøm? Den stopper ikke med det samme. I stedet vil en af de gamle, ophobede reaktioner fra fortiden komme op til sindets overflade og opretholde strømmen. Sindet reagerer som det tidligere er blevet betinget til, og dette vil få bevidstheden til at fortsætte i et øjeblik til. Reaktionen vil manifestere sig på det fysiske plan; den får en bestemt type *kalāpas* til at opstå, hvilket man så mærker som fornemmelser i kroppen. Måske er det en *saṅkhāra* af modvilje der opstår; den manifesterer sig som partikler som man oplever som ubehagelige, brændende fornemmelser i kroppen. Hvis man reagerer på disse kropsfornemmelser, skabes der ny modvilje; man er begyndt at give ny stimulation til strømmen af bevidsthed, og yderligere ophobninger af gamle reaktioner vil således ikke få mulighed for at komme op til det bevidste plan.

Men hvis der opstår en ubehagelig kropsfornemmelse og man ikke reagerer, kan der ikke skabes nogen nye *saṅkhāras,* og den *saṅkhāra* der er opstået fra det gamle lager, forgår. I næste øjeblik opstår der igen en gammel *saṅkhāra* som manifesterer sig som en kropsfornemmelse. Denne vil også forgå hvis man undlader at reagere. Ved at være sindsligevægtige lader vi således ophobede gamle reaktioner komme op til sindets overflade, den ene efter den anden. De manifesterer sig som kropsfornemmelser, og ved at bevare bevidsthed om og sindsligevægt med disse kropsfornemmelser, fjerner vi lidt efter lidt den gamle betingning.

Så længe at der stadig er betingning af modvilje tilbage i sindet, vil den ubevidste del af sindet have tendens til at reagere med modvilje når man møder ubehagelige situationer i livet. Så længe at der stadig er betingning af begær i sindet, vil sindet have tendens til at reagere med begær når man møder behagelige situationer. Vipassana fungerer ved gradvist at nedbryde disse betingede reaktionsmønstre. Når vi praktiserer, bliver vi ved med at møde både behagelige og ubehagelige kropsfornemmelser. Ved at iagttage alle kropsfornemmelser med sindsligevægt, bliver sindets tendens til at reagere med begær og modvilje svagere, og udslukkes lidt efter lidt. Når et betinget reaktionsmønster af en bestemt type helt er ophørt, er man befriet fra den type lidelse. Og når alle former for betingede reaktionsmønstre er udslukket, er sindet fuldstændigt befriet. En person som forstod denne proces ret indgående, sagde:

Alle betingede ting er i sandhed ubestandige,
deres natur er at opstå og forgå.
Hvis de opstår og bringes til ophør,
vil deres ophør bringe lykke.[40]

Alle *saṅkhāras* opstår og forgår, for blot at opstå igen i en endeløs gentagelse. Hvis vi udvikler visdom og begynder at iagttage objektivt, ophører gentagelsen og reaktionsmønstret begynder at udslukkes. Lag efter lag af de gamle *saṅkhāras* vil opstå og udslukkes, hvis vi lader være med at reagere. Jo flere *saṅkhāras* der udslukkes, jo mere lykke oplever vi; lykken i at være fri fra lidelse. Hvis alle fortidens *saṅkhāras* udslukkes, vil vi opleve den fulde befrielses grænseløse lykke.

Vipassana meditation kan derfor beskrives som en slags åndelig faste, der har til formål at udsulte fortidens betingning. I hvert eneste øjeblik i hele vores liv har vi reageret. Men ved at forblive bevidste og balancerede, får vi nu nogle få øjeblikke hvor vi ikke reagerer, ikke skaber nogen nye *saṅkhāras.* Disse få øjeblikke, uanset hvor korte de måtte være, er meget kraftfulde; de sætter gang i den omvendte proces, renselsesprocessen.

For at sætte gang i denne proces, må vi bogstaveligt talt gøre ingenting; eller sagt på en anden måde, vi må afstå fra enhver ny reaktion. Uanset hvad årsagen til de kropsfornemmelser vi oplever er, iagttager vi dem med sindsligevægt. Så vil vores opmærksomhed og sindsligevægt automatisk få gamle reaktioner til at forsvinde, på samme måde som mørket i et rum automatisk forsvinder når man tænder for lyset.

Buddha fortalte engang en historie om en mand, som havde givet enorme donationer til velgørenhed. Men som afslutning på historien gav Buddha følgende kommentar:

"Selv hvis han havde bidraget med den størst tænkelige velgørenhed, ville det have været endnu mere frugtbart for ham at tage tilflugt i den oplyste, i dhammaen, og i alle hellige mennesker. Og selv hvis han havde gjort det, ville det have været endnu mere frugtbart for ham at påtage sig de fem forskrifter med et accepterende hjerte. Og selv hvis han havde gjort det, ville det have været endnu mere frugtbart for ham at udvikle velvilje for alle væsner i det tidsrum det tager at malke en ko. Og selv hvis han havde gjort alt dette, ville det have været endnu mere frugtbart for ham at udvikle bevidsthed om ubestandighed i den tid det tager at knipse med fingrene."[41]

Måske er man kun bevidst om kropsfornemmelserne i et enkelt øjeblik hvor man ikke reagerer fordi man forstår deres forbipasserende natur. Selv dette korte øjeblik vil have en stærk virkning. Med tålmodig, gentagen, kontinuerlig praksis, vil der blive flere af disse små øjeblikke, og der vil blive færre øjeblikke hvor man reagerer. Lidt efter lidt vil det mentale vanemønster med at reagere udslukkes, og til sidst vil der komme et tidspunkt hvor sindet er befriet fra alle reaktioner, både tidligere og nutidige, befriet fra al lidelse.

Spørgsmål og svar

SPØRGSMÅL: Her i eftermiddags prøvede jeg at sidde i en ny stilling som gjorde det let at sidde i længere tid ad gangen og at holde ryggen ret uden at bevæge sig. Men jeg kunne ikke mærke ret mange kropsfornemmelser. Så jeg vil gerne høre om kropsfornemmelserne kommer på et eller andet tidspunkt, eller om jeg skal gå tilbage til at sidde i den gamle stilling.

S.N. GOENKA: Man skal ikke prøve at skabe kropsfornemmelser ved at vælge en ubehagelig stilling. Hvis det var den rigtige måde at praktisere på, ville vi bede jer om at sidde på en pude af søm! Den slags ekstremer virker ikke. Vælg en behagelig stilling hvor kroppen er opret, og lad kropsfornemmelserne komme naturligt. Lad være med at prøve at forcere dem; lad dem bare ske. De er der, så de vil helt sikkert komme. Det kan være at du prøvede at finde den samme slags kropsfornemmelser som du mærkede før, men måske er det en anden slags fornemmelser der er der.

Der var flere subtile kropsfornemmelser end før. I den første stilling var det svært at sidde mere end en kort periode uden at bevæge sig.

Så er det godt at du har fundet en stilling der passer bedre. Lad naturen tage sig af kropsfornemmelserne. Måske er der nogle grove kropsfornemmelser der er forgået og nu må du håndtere nogle mere subtile kropsfornemmelser. Men sindet er ikke skarpt nok til at mærke dem endnu. Arbejd med bevidsthed om åndedrættet i noget tid for at gøre det skarpere. Dette vil forbedre din koncentration og gøre det lettere at mærke subtile kropsfornemmelser.

Jeg troede at det var bedre hvis kropsfornemmelserne var grove, fordi at det betød at der kom en gammel saṅkhāra op.

Ikke nødvendigvis. Visse urenheder viser sig som meget subtile kropsfornemmelser. Hvorfor længes efter grove kropsfornemmelser? Uanset hvad kommer, groft eller subtilt, er dit job bare at iagttage.

Bør vi prøve at identificere hvilken kropsfornemmelser der er associeret med hvilken reaktion?

Det ville være spild af energi. Det ville svare til at en person der vaskede tøj, stoppede op for at undersøge hvad der var skyld i hver eneste lille plet på tøjet. Det ville ikke hjælpe ham med at få vasket tøjet. For at vaske tøjet skal man bare have lidt vaskemiddel og så bruge det korrekt. Hvis man vasker tøjet ordenligt, vil alt snavset blive vasket væk. På samme måde har du fået vaskemidlet Vipassana; og nu skal du bruge det til at vaske dit sind. Hvis du begynder at spekulere over årsagerne til bestemte kropsfornemmelser, spiller du et intellektuelt spil, og glemmer alt om *anicca* og *anattā*. Denne tankevirksomhed kan ikke hjælpe dig til at blive fri fra lidelse.

Jeg er forvirret over hvem der iagttager og hvem eller hvad der bliver iagttaget.

Ingen intellektuelle svar vil være tilfredsstillende. Du må selv undersøge det: "Hvad er dette 'jeg' som gør alt dette? Hvem er dette 'jeg'?" Bliv ved med at udforske og analysere. Se om der dukker noget 'jeg' op. Hvis der gør, så iagttag det. Hvis ikke der dukker noget op, så accepter at "ah, dette 'jeg' er en illusion!"

Er nogle typer af betingning ikke positive? Hvorfor skal vi forsøge at komme af med dem?

Positiv betingning får os til at arbejde fra lidelse mod befrielse. Men når det mål er nået, vil vi lægge al betingning bag os, både positiv og negativ. Det er ligesom hvis man bruger en tømmerflåde til at krydse en flod. Når først man er ovre på den anden side af floden, vil man ikke gå videre med tømmerflåden på hovedet. Tømmerflåden har tjent sit formål. Nu er der ikke brug for den længere, så vi tager den ikke med os videre.[42] På samme måde har en person der er helt befriet ikke brug for betingning. En person der er befriet, er ikke befriet på grund af positiv betingning, men på grund af renhed i sindet.

Hvorfor oplever vi ubehagelige kropsfornemmelser når vi begynder at praktisere Vipassana, og hvorfor kommer der behagelige kropsfornemmelser senere?

Vipassana fungerer ved at fjerne de groveste urenheder først. Når du gør et gulv rent, fejer du først alt skraldet og skidtet sammen. Og derefter begynder du at feje finere og finere støv sammen. Sådan er det også når man praktiserer Vipassana: Først fjernes de grove urenheder fra sindet og så er de mere subtile tilbage, som viser sig som behagelige fornemmelser. Men der er en fare for at udvikle begær efter disse behagelige kropsfornemmelser. Derfor må du være forsigtig med ikke at tro at en behagelig kropsfornemmelse er det endelige mål. Du må blive ved med at iagttage alle kropsfornemmelser objektivt for at fjerne alle de betingede reaktioner.

Du sagde at vi har noget beskidt tøj og at vi også har vaskemidlet til at vaske det med. I dag havde jeg det som om at jeg var løbet tør for sæbe! I morges var min praksis meget stærk, men i eftermiddags begyndte jeg at føle håbløshed og vrede, og tænkte: "Arh, hvad nytter det overhovedet!" Det var som om at da meditationen var stærk, var der en fjende inde i mig – egoet måske – som matchede den styrke og slog mig ud. Og så følte jeg at jeg ikke havde kræfterne til at kæmpe imod. Er der en eller anden måde at liste sig uden om på, så man ikke behøver at kæmpe så hårdt – en smart måde at gøre det på?

Bevar sindsligevægten – det er den smarteste måde at gøre det på! Det du har oplevet, er ret naturligt. Da du syntes at meditationen gik godt, var sindet balanceret og det trængte dybt ned i det ubevidste. Som et resultat af den dybe operation, blev en reaktion fra fortiden vakt til live og i den næste meditation måtte du møde denne storm af negativitet. I sådan en situation er sindsligevægt afgørende, for ellers vil negativiteten overmande dig og så kan du ikke arbejde. Hvis sindsligevægten lader til at være svag, så begynd at praktisere bevidsthed om åndedrættet. Når der kommer en stor storm, er man nødt til at sætte anker og vente til den driver over. Åndedrættet er dit anker. Arbejd med det, og så vil stormen drive over. Det er godt at denne negativitet er kommet op til overfladen, eftersom det giver dig mulighed for at komme af med den. Hvis du bevarer sindsligevægten, vil den let drive over.

Får jeg overhovedet særlig meget ud af min praksis hvis jeg ikke har smerte?

Smerte eller ikke smerte – hvis du er opmærksom og balanceret, gør du uden tvivl fremskridt. Det er ikke sådan at du er nødt til at føle smerte for at kunne gøre fremskridt på vejen. Hvis ikke der er nogen smerte, så accepter at der ikke er nogen smerte. Du iagttager bare *hvad der er.*

I går havde jeg en oplevelse hvor det var som om at hele min krop var blevet opløst. Det føltes som om at der kun var vibrationer over det hele.

Ja?

Og da det skete, kom jeg i tanke om at jeg havde haft en lignende oplevelse da jeg var lille. I alle disse år har jeg ledt efter en måde at komme tilbage til den oplevelse på. Og så var den der igen.

Ja?

Så derfor ville jeg jo selvfølgelig gerne have at oplevelsen skulle fortsætte. Jeg ville forlænge den. Men den forandrede sig og forsvandt. Og så arbejdede jeg på at få den tilbage igen, men den kom ikke tilbage. I stedet havde jeg kun grove kropsfornemmelser her til morgen.

Ja?

Og så gik det op for mig hvor ulykkelig jeg gjorde mig selv ved at prøve at få den oplevelse.

Ja?

Og så indså jeg at vi faktisk ikke er her for at prøve at få nogen bestemt oplevelse. Er det ikke rigtigt?

Det er rigtigt.

Så det som meditation i virkeligheden handler om, er at udvikle sindsligevægt. Ikke?

Jo!

Det lader til at det vil tage en evighed at fjerne alle tidligere saṅkhāras en for en?

Det ville det gøre hvis et øjebliks sindsligevægt betød præcis en mindre *saṅkhāra* fra fortiden. Men bevidsthed om kropsfornemmelserne fører dig til sindets dybeste plan, og giver dig mulighed for at skære rødderne over på den tidligere betingning. Således kan man på relativt kort tid komme af med komplekser af *saṅkhāras,* forudsat at din bevidsthed og sindsligevægt er stærk.

Hvor lang tid burde den proces tage?

Det kommer an på hvor stort et lager af *saṅkhāras* du er nødt til at fjerne, og hvor stærk din meditation er. Du kan ikke måle dit lager af *saṅkhāras,* men du kan være sikker på at jo mere seriøst du mediterer, jo hurtigere bevæger du dig mod befrielse. Bliv ved med at arbejde standhaftigt mod målet. Så vil der helt sikkert komme et tidspunkt, inden alt for længe, hvor du når det.

Ikke andet end 'at se'

Tæt ved der hvor Mumbai ligger i dag, boede der på Buddhas tid en asket, en meget hellig mand. Alle der mødte ham, beundrede ham fordi hans sind var så rent, og mange mente at han måtte være fuldstændig befriet. Når han hørte at folk beskrev ham på denne fornemme måde, begyndte han ganske naturligt at tænke: "Måske *er* jeg faktisk fuldstændig befriet." Men eftersom han var et meget ærligt menneske, undersøgte han sig selv omhyggeligt, og opdagede at der stadig var spor af urenheder tilbage i sindet. Og så længe der stadig var urenheder i sindet, kunne han jo ikke være blevet helt igennem hellig. Så han spurgte de folk der kom og viste ham respekt: "Kender I til nogen her i verden som er fuldstændig befriede?"

"Det gør vi, hr.," svarede de, "der er munken Gotama, som bliver kaldt Buddha. Han bor i byen *Sāvathī*. Alle ved at han er fuldstændig befriet, og han underviser i en teknik som man kan opnå fuldstændig befrielse med."

"Jeg er nødt til at finde denne mand," tænkte asketen beslutsomt, "han kan lære mig hvordan man bliver fuldstændig befriet." Og så gik han fra Mumbai og tværs over hele det centrale Indien. Endelig nåede han frem til *Sāvathī*, som lå i den stat der i dag hedder Uttar Pradesh, i det nordlige Indien. Efter at være ankommet til *Sāvathī*, fandt han Buddhas meditationscenter, og spurgte hvor han mon kunne finde ham.

"Han er gået ud," svarede en af munkene, "han er gået ud for at tigge sin mad i byen. Vent her og hvil dig lidt efter din rejse; han kommer snart tilbage."

"Nej, det går ikke, jeg kan ikke vente. Jeg har ikke tid til at vente! Vis mig hvilken vej han er gået, så vil jeg gå i den retning."

"Altså, hvis du insisterer, så er det den der vej han gik ned ad. Hvis du vil, kan du jo prøve og se om du kan finde ham der." Uden at spilde et sekund, begav asketen sig afsted igen, og kom så til byens centrum. Der så han en munk gå fra hus til hus og tigge mad. Den vidunderlige fredelige og harmoniske stemning der var omkring munken, overbeviste asketen om at dette måtte være Buddha. Da han spurgte en forbipasserende, fik han det bekræftet.

Dér midt på gaden, gik asketen hen til Buddha, bukkede for ham, og rørte hans fødder. "Hr.," sagde han, "jeg har hørt at du er fuldstændig befriet og at du underviser i en vej til at opnå befrielse. Vær venlig at lære mig denne teknik."

Buddha sagde: ”Ja, det er rigtigt at jeg underviser i sådan en teknik, og jeg kan godt lære dig den. Men det her er hverken det rette tidspunkt eller det rette sted. Gå hen til meditationscentret og vent på mig dér. Jeg kommer snart tilbage, og så kan jeg lære dig teknikken.”

”Men det går ikke, hr. Jeg kan ikke vente.”

”Altså, du kan ikke vente bare en halv time?”

”Nej, hr., jeg kan ikke vente! Om en halv time kan jeg være død. Eller du kan være død. Om en halv time kan det være at den tillid jeg har til dig er forsvundet, og så vil jeg ikke kunne lære teknikken. Det er tid lige nu. Vær sød at undervise mig med det samme!”

Buddha så på ham og konstaterede at ”Ja, denne mand har ikke lang tid tilbage; han vil dø om ganske få minutter. Han er nødt til at få Dhamma nu og her.” Og hvordan underviser man i Dhamma mens man står midt på en gade? Han sagde kun et par få ord, men de indeholdt hele læren: ”Når man ser, bør der ikke være andet end ’at se’. Når man hører, bør der ikke være andet end ’at høre’. Når man lugter, smager, rører, ikke andet end ’at lugte’, ’smage’, ’røre’. Når man tænker, ikke andet end ’at tænke’.” Når der opstår kontakt med en hvilken som helst af de seks sanseindgange, bør der ikke være nogen vurdering, ingen betinget forståelse. Så snart den vurderende del af sindet begynder at vurdere en oplevelse som god eller dårlig, ser man verden på en forvrænget måde på grund af ens gamle blinde reaktioner. For at befri sindet fra al betingning, må man lære at holde op med at vurdere på baggrund af tidligere reaktioner og være bevidst, uden at vurdere og uden at reagere.

Asketen havde så rent et sind at disse få vejledende ord var nok for ham. Han satte sig lige dér i vejkanten og fokuserede sin opmærksomhed på virkeligheden indeni. Ingen vurdering, ingen reaktion; han iagttog helt enkelt processen af forandring inde i sig selv. Og i løbet af de få minutter han havde tilbage at leve i, nåede han det endelige mål, han blev fuldstændig befriet.[43]

Kapitel 9

MÅLET

"Alt der opstår, vil også ophøre."[44] At erfare denne virkelighed, er essensen af Buddhas lære. Sind og krop er blot en stor mængde processer der konstant opstår og forgår. Vores lidelse opstår når vi udvikler tilknytning til processer der reelt er flygtige og uden substans. Hvis vi kan erfare direkte at disse processer er ubestandige, går vores tilknytning til dem væk. Det er denne opgave man påtager sig når man mediterer: at forstå sin egen flygtige natur ved at iagttage de konstant foranderlige kropsfornemmelser indeni. Når en kropsfornemmelse opstår, reagerer man ikke, men lader den opstå og forgå. Ved at gøre det, lader man sindets gamle betingning komme op til overfladen og forsvinde. Når betingning og tilknytning ophører, ophører lidelsen, og vi oplever befrielse. Det er en tidskrævende opgave som kræver konstant øvelse. Man får gavn af hvert et skridt man tager på vejen, men hvert eneste skridt må tages og kræver en vedvarende indsats. Kun ved at arbejde tålmodigt, vedholdende og kontinuerligt, vil den mediterende gøre fremskridt mod målet.

At trænge igennem til den ultimative sandhed

Fremskridt på vejen sker i tre faser. Den første er helt enkelt at lære om teknikken; om hvordan den praktiseres og hvorfor. Den anden er at omsætte den til praksis. Den tredje er at udvikle en gennemtrængende indsigt; at bruge teknikken til at trænge igennem sin dybeste virkelighed og derved bevæge sig fremad mod det endelige mål.

Buddha afviste ikke at den umiddelbare verden eksisterer; den verden der består af former, farver, smage, lugte, smerte og behag, tanker og følelser, af væsner – af én selv og af andre. Han pointerede bare at dette ikke er den *ultimative* sandhed. Med det almindelige syn, opfatter vi kun de overordnede mønstre, som er opbygget af mere subtile fænomener. Når vi kun ser mønstrene, og ikke de underliggende komponenter, er vi hovedsageligt bevidste om forskellene, og derfor differentierer vi; vi påsætter mærkater, udvikler præferencer og fordomme, og begynder at kunne lide og ikke at kunne lide – den proces der udvikler sig til begær og modvilje.

For at kunne komme ud af vanen med begær og modvilje, er det ikke nok blot at kunne se de overordnede linjer; vi må se tingene i dybden, så vi kan opfatte de underliggende fænomener som den umiddelbare virkelighed er opbygget af. Det er netop det vi gør, når vi praktiserer Vipassana meditation.

Det vil være naturligt for enhver selv-undersøgelse at begynde med de mest åbenlyse aspekter af os selv: de forskellige kropsdele; lemmerne og organerne. En nærmere inspektion vil afsløre at nogle dele af kroppen er solide, andre er flydende, nogle er i bevægelse, andre i ro. Måske opfatter vi kropstemperaturen som anderledes end temperaturen i den omgivende atmosfære. Alle disse iagttagelser vil sandsynligvis hjælpe os til at udvikle en større bevidsthed om os selv, men de er stadig et resultat af at undersøge den umiddelbare virkelighed i dens sammensatte form. Derfor vil der blive ved med at være forskelle, præferencer og fordomme, begær og modvilje.

Når vi mediterer, går vi et skridt dybere ved at iagttage kropsfornemmelserne indeni. Herved ser vi en mere subtil virkelighed som vi ikke var bevidste om før. Til at begynde med er vi bevidste om forskellige slags fornemmelser i de forskellige dele af kroppen; kropsfornemmelser der lader til at opstå, blive i lidt tid, og derefter forgå. Selvom vi er nået dybere ned end det overfladiske plan, iagttager vi stadig de integrerede mønstre i den umiddelbare virkelighed. Derfor fortsætter vi med at differentiere, og at føle begær og modvilje.

Hvis vi bliver ved med at praktisere ihærdigt, vil vi før eller siden komme til et punkt hvor kropsfornemmelsernes natur ændrer sig. Vi oplever en ensartet type af subtile vibrationer i hele kroppen, som opstår og forgår med stor hastighed. Vi er trængt igennem de integrerede mønstre og kan se det underliggende fænomen som de er opbygget af: de subatomare partikler som alt materie består af. Vi får en direkte oplevelse af hvor flygtige disse partikler er, de opstår og forgår konstant. Uanset hvad vi iagttager indeni – blod eller knogler, solidt, flydende eller luftigt, smukt eller grimt – opfatter vi bare en masse af vibrationer som der ikke er nogen forskel på. Endelig ophører processen med at differentiere og påsætte mærkater. Inden for kroppens ramme har vi oplevet den endelige sandhed om materie: at det er en konstant strøm der opstår og forgår.

På samme måde kan vi trænge igennem de *mentale* processers overfladiske sandhed til et mere subtilt plan. For eksempel opstår der et øjeblik hvor man – på grund af sin tidligere betingning – synes om eller ikke synes om noget. I det næste øjeblik gentager sindet denne reaktion af at kunne lide eller ikke at kunne lide, og forstærker den øjeblik efter øjeblik, så det udvikler sig til begær eller modvilje. Vi er kun bevidste om den stærke reaktion. Med denne overfladiske opfattelse, begynder vi at identificere og skelne mellem behageligt og ubehageligt, godt og dårligt, ønsket og uønsket. Men med den stærke følelse fungerer det på samme måde som med den umiddelbare materielle virkelighed: Når vi begynder at iagttage den ved at iagttage kropsfornemmelserne indeni, vil den opløse sig. Ligesom materie ikke er andet end de subtile bølger af subatomare partikler, er stærke følelser blot en konsolideret form af momentvist at kunne lide og ikke at kunne lide, momentvise reaktioner på kropsfornemmelser. Når først en stærk følelse opløses til en mere subtil form, vil den ikke længere kunne overmande en.

Fra at have iagttaget forskellige faste kropsfornemmelser i forskellige dele af kroppen, går vi videre til at være bevidste om mere subtile kropsfornemmelser, der opstår og forsvinder konstant i hele den fysiske struktur. På grund af den enorme hastighed som kropsfornemmelserne opstår og forgår med, kan de opleves som en strøm af vibrationer der bevæger sig gennem kroppen. Hvor end vi fokuserer opmærksomheden i den fysiske struktur, oplever vi ikke andet end vibrationer der opstår og forgår. Når der opstår en tanke i sindet, er vi opmærksomme på de kropsfornemmelser der ledsager den, de opstår og forgår. Kroppen og sindets umiddelbare fasthed opløses, og vi oplever den endelige sandhed om materie, sind og mentale formationer: ikke andet end vibrationer, svingninger, der opstår og forgår med stor hastighed. Som en person der har erfaret denne sandhed sagde:

Hele verden står i flammer
Hele verden går op i røg
Hele verden brænder
Hele verden vibrerer.[45]

For at nå til dette stadie af opløsning (**bhaṅga**) behøver man ikke at gøre andet end at udvikle bevidsthed og sindsligevægt. Når en videnskabsmand skruer op for forstørrelsen på sit mikroskop, kan han iagttage mere detaljerede fænomener; på samme måde forøges evnen til at iagttage mere subtile virkeligheder indeni, når man udvikler bevidsthed og sindsligevægt. Der er ingen tvivl om at oplevelsen af dette stadie er meget behageligt. Alt ubehaget og alle smerterne er blevet opløst, alle områderne uden kropsfornemmelser er forsvundet. Man er fredfyldt, glad, salig. Buddha beskrev det på følgende måde:

Når man oplever
at de mentale og fysiske processer opstår og forgår
føler man lyksalighed og velbehag.
Man oplever det som ikke kan dø, det som de vise har oplevet.[46]

Når den tilsyneladende soliditet af sind og krop opløses efterhånden som man gør fremskridt på vejen, vil man opleve lyksalighed og velbehag. I begejstring over denne behagelige situation, kan det ske at man kommer til at forveksle den med det endelige mål. Men det er kun en mellemstation. Fra dette punkt går man videre for at opleve den ultimative sandhed *bagom* sind og materie, for at opnå fuldstændig frihed fra lidelse.

Gennem vores egen meditationspraksis, bliver det meget tydeligt hvad Buddha mente med de ovenstående ord. Idet vi trænger igennem den umiddelbare sandhed til den mere subtile sandhed, begynder vi at mærke en strøm af vibrationer gennem hele kroppen. Og så forsvinder strømmen pludselig. Igen oplever vi intense, ubehagelige kropsfornemmelser i nogle kropsdele, og måske ingen kropsfornemmelser i andre kropsdele. Igen oplever vi stærke følelser i sindet. Hvis vi begynder at have modvilje mod denne nye situation og begær efter at strømmen skal komme igen, har vi ikke forstået Vipassana. Så har vi gjort det til et spil hvori målet er at opnå behagelige kropsfornemmelser og undgå ubehagelige. Det er dette spil vi har spillet livet igennem – den endeløse spiral af at skubbe væk og holde fast, af frastødning og tiltrækning, som ikke fører andet end elendighed med sig.

Efterhånden som vores visdom vokser, forstår vi dog at de grove kropsfornemmelser, selv efter oplevelsen af opløsning, indikerer fremskridt og ikke tilbagegang. Vi praktiserer ikke Vipassana med et mål om at opleve bestemte typer af kropsfornemmelser, men for at befri sindet fra al betingning. Hvis vi reagerer på en kropsfornemmelse, vil det forøge vores lidelse, uanset hvilken kropsfornemmelse det er. Hvis vi bevarer sindsligevægten, lader vi noget af vores betingning fordampe, og kropsfornemmelsen bliver et redskab til at befri os fra lidelse. Ved at iagttage ubehagelige kropsfornemmelser uden at reagere, fjerner vi modvilje. Ved at iagttage behagelige kropsfornemmelser uden at reagere, fjerner vi begær. Ved at iagttage neutrale kropsfornemmelser uden at reagere, fjerner vi uvidenhed. Derfor er der ingen kropsfornemmelse, ingen oplevelse, der i sig selv er god eller dårlig. Det gode består i at forblive balanceret; det dårlige består i at miste sindsligevægten.

Med denne forståelse kan vi bruge enhver kropsfornemmelse som et værktøj til at fjerne betingning. Dette kaldes for **saṅkhāra-upekkhā**, sindsligevægt med al betingning, og fører lidt efter lidt til *nibbanā*.

Oplevelsen af befrielse

Det er muligt at blive befriet. Man kan blive fri fra al betingning, al lidelse. Buddha forklarede:

Der findes en erfaringssfære, som ligger udenfor sind og materie, som hverken er af denne verden eller af en anden verden eller begge dele, hverken sol eller måne. Dette kalder jeg hverken for noget der opstår eller forgår eller bliver ved, og heller ikke for død eller genfødsel. Det er uden støtte, det udvikler sig ikke og det står ikke på noget. Det er lidelsens ophør.[47]

Han sagde også:

Det ufødte findes, det der ikke er blevet til, det uskabte, det ubetingede. Hvis det ufødte ikke fandtes, hvis det der ikke er blevet til, det uskabte, det ubetingede ikke fandtes, ville der ikke være nogen befrielse fra det fødte, det der er blevet til, det skabte, det betingede. Men eftersom det ufødte, det der ikke er blevet til, det uskabte, det ubetingede findes, findes der befrielse fra det fødte, det der er blevet til, det skabte, det betingede.[48]

Nibbanā er ikke bare en tilstand som man kommer til efter døden; det er noget der skal opleves inde i en selv her og nu. Grunden til at det bliver beskrevet i negative termer er ikke at det er en negativ oplevelse, men skyldes at vi ikke har noget andet sprog til at beskrive det. Alle sprog har ord til at beskrive hele spektret af fysiske og mentale fænomener, men der er ikke nogen ord eller koncepter der kan beskrive noget der ligger uden for sind og materie. Det ligger uden for enhver kategori, enhver klassificering. Vi kan kun beskrive det ved at sige hvad det ikke er.

Faktisk er det meningsløst at forsøge at beskrive *nibbanā*. Forklaringer vil kun skabe forvirring. Det vigtige er at opleve det, ikke at diskutere det eller argumentere om det. "Denne ædle sandhed om lidelsens ophør, må opleves af en selv," sagde Buddha.[49] Nibbana er først virkelig for en når man selv har oplevet det; så bliver alle diskussioner om det irrelevante.

For at opleve befrielsens ultimative sandhed, er det nødvendigt først at trænge igennem den umiddelbare virkelighed og opleve at krop og sind opløses. Jo dybere man trænger igennem den umiddelbare virkelighed, jo friere bliver man fra begær og modvilje, fra tilknytninger, og jo mere nærmer man sig den ultimative virkelighed. Når man arbejder skridt for skridt, vil man naturligt nå til et punkt hvor det næste skridt er en oplevelse af *nibbanā*. Det giver ikke nogen mening at længes efter det, der er ingen grund til at betvivle at det kommer; det vil komme til alle der praktiserer Dhamma korrekt. Hvornår det sker, er der ikke nogen der kan sige. Det afhænger til dels af hvor stærkt vi er betingede, og dels af hvor stor en indsats vi yder for at fjerne betingningen.

Alt man kan gøre – alt man behøver at gøre – er at blive ved med at iagttage hver kropsfornemmelse uden at reagere.

Vi kan ikke vide hvornår vi vil opleve den ultimative sandhed, *nibbanā,* men vi kan sørge for at vi bliver ved med at bevæge os i den retning. Vi kan beherske vores nuværende sindstilstand. I hvert øjeblik hvor vi bevarer sindsligevægten uanset hvad der sker inde i os eller uden for os, er vi befriede. En person der havde nået det endelige mål sagde: "Begærets ophør, modviljens ophør, uvidenhedens ophør – dette er *nibbanā.*"[50] I samme udstrækning som sindet er fri fra begær, modvilje og uvidenhed, er man befriet.

I hvert øjeblik vi praktiserer Vipassana på den rigtige måde, kan vi opleve denne befrielse. Dhamma skal per definition give resultater her og nu, ikke kun i fremtiden. Vi må opleve disse resultater for hvert eneste skridt vi tager på vejen, og hvert eneste skridt skal føre direkte mod målet. Det sind der i dette øjeblik er fri fra betingning, er et fredfyldt sind. Et hvert øjeblik af denne type bringer os nærmere fuldstændig befrielse.

Vi kan ikke arbejdet målrettet på at udvikle *nibbanā,* eftersom *nibbanā* ikke kan udvikles; det er bare. Men vi kan arbejde målrettet på at udvikle den egenskab som fører os til *nibbanā,* nemlig sindsligevægt. Hvert øjeblik vi iagttager virkeligheden uden at reagere, bevæger vi os mod den ultimative sandhed. Sindsligevægt baseret på fuld bevidsthed om virkeligheden, er sindets mest værdifulde egenskab.

Ægte lykke

Buddha blev engang bedt om at forklare hvad ægte lykke er. Han opremsede en række sunde, gavnlige handlinger som er ægte velsignelser og fører til lykke. Alle disse velsignelser falder i to overordnede kategorier: sunde og gavnlige handlinger som bidrager til andres velfærd ved at løfte det ansvar man har over for samfundet og sin familie, og handlinger som renser sindet. Vores eget bedste er uløseligt forbundet med andres bedste. Og til sidst sagde han:

Når man møder livets medgang og modgang,
forbliver sindet urokkeligt,
uden at klage sig, uden at udvikle urenheder, altid trygt,
dette er den højeste lykke.[51]

Man vil være i stand til at møde alt der sker, uanset om det er inden for ens eget mikrokosmos af krop og sind, eller om det er i verden udenfor. Man møder det ikke med anspændthed, med begær og modvilje som det knap nok lykkes én at undertrykke, men med fuldstændig afslappethed, med et smil der kommer fra sindets dyb. Man har ikke angst i nogen situationer, uanset om de er behagelige eller ubehagelige, ønskede eller uønskede. Man føler sig fuldstændig tryg, tryg på grund af ens forståelse af ubestandighed. Dette er den højeste velsignelse.

At vide at man er sin egen herre, at man ikke kan blive overmandet af noget, at man smilende kan acceptere hvad end livet har at tilbyde – dette er perfekt mental balance, dette er sand befrielse. Det er det man kan opnå her og nu ved at praktisere Vipassana meditation. Denne virkelige sindsligevægt er ikke en form for negativ eller passiv tilbagetrukkethed. Det er ikke en blind eftergivenhed eller en form for apati som udspringer af at man forsøger at undvige livets problemer, og prøver at stikke hovedet i busken. Virkelig mentalt balance er baseret på en bevidsthed om problemerne i deres helhed, bevidsthed om virkeligheden på alle planer.

Fraværet af begær eller modvilje indebærer heller ikke en følelseskold ligegyldighed, hvor man nyder sin egen befrielse, men er ligeglad med at andre lider. Derimod kaldes virkelig sindsligevægt mere korrekt "hellig ligegyldighed". Det er en dynamisk egenskab, et udtryk for renhed i sindet. Når sindet er befriet for vanen med at reagere blindt, kan man for første gang begynde at tage positiv handling, dvs. kreativ, konstruktiv handling der er til gavn for en selv og andre. Sammen med sindsligevægten vil der opstå andre egenskaber som kendetegner et rent sind: velvilje, kærlighed der søger alles bedste uden at forvente at få noget igen; medfølelse for andres svagheder og lidelser; medlevende glæde over deres succes og fremgang. Disse fire kvaliteter vil uden tvivl vokse når man praktiserer Vipassana.

Tidligere forsøgte man at beholde alle de gode ting for sig selv og at sende alt det uønskede videre til andre. Nu forstår man at ens egen lykke ikke kan opnås på andres bekostning, og at det giver lykke til både en selv og andre at give lykke til andre. Derfor forsøger man at dele det gode man har med andre. Når man kommer ud af sin lidelse og oplever befrielsens fred, indser man at dette er det højeste gode man kan få. Så derfor ønsker man at andre skal opleve det samme og finde en vej ud af deres lidelse.

At udvikle velvilje for andre, **mettā-bhāvanā**, er det logiske slutresultat af Vipassana meditation. Tidligere har man måske talt passioneret om sådanne følelser, mens det reelt set var den samme gamle proces med begær og modvilje der fortsatte indeni. Nu er processen med at reagere stoppet i nogen grad, den gamle vane med egoisme er væk, og der vil naturligt flyde velvilje fra sindets dyb. Når denne velvilje bakkes op af kraften fra et rent sind, kan den blive meget stærk og skabe en fredfyldt og harmonisk atmosfære til gavn for alle.

Folk forestiller sig nogle gange at man ikke længere vil kunne nyde livets mange facetter hvis man er sindsligevægtig i alle situationer; at et liv i sindsligevægt svarer til at være en maler der har en palet fuld af farver og vælger kun at bruge grå; eller at det er ligesom at have et klaver med et fuldt klaviatur og vælge kun at bruge midter-c'et. Dette er en forkert forståelse af sindsligevægt. Faktum er at klaveret er ude af stemning, og at vi ikke har lært hvordan man spiller på det. Hvis man bare hamrer løs i tangenterne i selv-ekspressivitetens navn, vil det lyde uharmonisk. Men hvis vi lærer at stemme klaveret og at spille rigtigt på det, kan vi frembringe musik. Vi bruger hele klaviaturet, fra den dybeste til den højeste tangent, og hver eneste tone vi spiller, lyder harmonisk og smuk.

Buddha sagde at hvis man renser sindet og "bringer visdom til fuldstændig perfektion", oplever man "glæde, lyksalighed, fred, bevidsthed, fuldstændig forståelse, ægte lykke."[52] Med et balanceret sind kan man nyde livet mere. Når der opstår en behagelig situation, kan vi nyde den til fulde med en udelt bevidsthed om det nuværende øjeblik, som ikke bliver distraheret. Men når oplevelsen forsvinder, bliver vi ikke fortvivlede. Vi smiler stadig, eftersom vi allerede vidste at den ville ændre sig. Når der opstår en ubehagelig situation, bliver vi ikke oprevne. Vi forstår i stedet situationen, og vil derfor nogle gange kunne finde en måde at ændre den på. Hvis ikke det står i vores magt at ændre situationen, vil vi stadig være fredfyldte med forståelsen af at denne oplevelse er ubestandig, og vil gå over. Ved på denne måde at holde sindet fri fra spændinger, kan vi leve et mere fornøjeligt og produktivt liv.

Det siges at der var en del folk i Myanmar som kritiserede Sayagyi U Ba Khins elever. De mente at eleverne manglede den alvor som man bør have når man praktiserer Vipassana meditation. Kritikerne måtte indrømme at eleverne arbejdede som de skulle mens kurserne stod på, men bagefter så de altid så glade og smilende ud. Da Webu Sayadaw, en af landets mest højtrespekterede munke, hørte om denne kritik, svarede han: "De smiler fordi de *kan* smile." Det var hverken tilknytning eller uvidenhed der fik dem til at smile, men Dhamma. En person der har renset sit sind vil ikke gå rundt med rynker i panden. Når lidelsen bliver fjernet,8 vil man helt naturligt føle sig glad.

Dette smil fra hjertet udtrykker ikke andet end fred, sindsligevægt og velvilje; et smil der stråler i enhver situation, er ægte lykke. Dette er målet med Dhamma.

Spørgsmål og svar

SPØRGSMÅL: Jeg har tænkt på om vi kan tilgå tvangstanker på samme måde som vi tilgår fysisk smerte?

S. N. GOENKA: Bare accepter det faktum at der er tvangstanker eller stærke følelser i sindet. Det er noget der har været dybt undertrykt og nu viser sig på det bevidste plan. Gå ikke ind i detaljerne af det. Bare accepter følelse som følelse. Og hvilke kropsfornemmelser mærker du sammen med følelsen? Der kan ikke være følelser uden kropsfornemmelser på det fysiske plan. Begynd at iagttage de kropsfornemmelser.

Skal vi så kigge efter den kropsfornemmelse der er relateret til den bestemte følelse?

Iagttag en hvilken som helst kropsfornemmelse der opstår. Man kan ikke finde ud af hvilken kropsfornemmelse der er relateret til følelsen, så lad være med at prøve at gøre det; det er meningsløst. Når der er en følelse i sindet, vil en hvilken som helst fysisk kropsfornemmelse være relateret til den følelse. Bare iagttag kropsfornemmelserne og forstå, "disse kropsfornemmelser er *anicca*. Denne følelse er også *anicca*. Lad mig se hvor længe den varer." Så vil du opleve at du har skåret følelsen over ved rødderne, og at den forsvinder.

Ville du sige at følelser og kropsfornemmelser er det samme?

De er to sider af den samme mønt. Følelser er mentale og kropsfornemmelser er fysiske, men de hænger tæt sammen. Faktisk vil alle følelser, alt der opstår i sindet, opstå sammen med en fornemmelse i kroppen. Sådan er naturloven.

Men selve følelsen er mental?

Den er mental, ja.

Men sindet er også hele kroppen?

Ja, det hænger tæt sammen med hele kroppen.

Så bevidsthed sidder i alle atomerne i kroppen?

Ja. Det er derfor at en kropsfornemmelse som er relateret til en bestemt følelse, kan opstå et hvilket som helst sted i kroppen. Hvis du iagttager kropsfornemmelser i hele kroppen, vil du helt sikkert iagttage den kropsfornemmelse der er relateret til den følelse. Og så vil du blive fri fra den følelse.

Vil øvelsen stadig hjælpe os hvis vi mediterer, men ikke kan mærke nogen kropsfornemmelser?

Hvis du sidder og iagttager åndedrættet, vil det berolige sindet og gøre det koncentreret. Men hvis du ikke mærker nogen kropsfornemmelser, kan renselsesprocessen ikke virke på et dybere plan. I sindets dyb begynder reaktioner med kropsfornemmelser, og disse opstår konstant.

Hvis vi har et par ledige øjeblikke i vores daglige liv, vil det så være en hjælp at iagttage kropsfornemmelserne?

Ja. Selv med åbne øjne. Når du ikke har andet arbejde der skal gøres, bør du være opmærksom på kropsfornemmelserne indeni.

Hvordan kan en lærer finde ud af om en elev har oplevet nibbanā?

Der er forskellige måder man kan tjekke det på mens eleven oplever *nibbanā*. Men det kræver at læreren har fået oplæring i det.

Hvordan kan de mediterende selv vide det?

Ud fra den forandring der kommer i deres liv. Folk der virkelig har oplevet *nibbanā* bliver hellige og rene i sindet. De bryder ikke længere nogen af de fem forskrifter på en grov måde. Og i stedet for at skjule en fejl, indrømmer de den åbent og forsøger ihærdigt at lade være med at gentage den. At klynge sig til riter og ceremonier falder også væk, eftersom de forstår at det kun er ydre former, som ikke indeholder nogen faktisk erfaring. De har en urokkelig tro på den vej der har ført dem til befrielse; de søger ikke efter nye veje. Og til sidst vil illusionen om et jeg blive rystet i dem. Hvis folk påstår at de har oplevet *nibbanā*, selvom deres sind er lige så urene, og deres handlinger er lige så usunde som før, er der noget galt. Hvis de virkelig har oplevet det, skal det vise sig i deres måde at leve på.

Det er ikke passende for en lærer at udstede ”certifikater” til elever, for at bekendtgøre at de har oplevet *nibbanā*. Ellers bliver det en ego-opbyggende konkurrence for både lærer og elever. Eleverne vil bare stræbe efter at få et certifikat, og jo flere certifikater en lærer udsteder, jo bedre bliver hans omdømme. Det hele kommer til at handle om certifikatet; oplevelsen af *nibbanā* bliver mindre vigtig. Det bliver en vanvittig konkurrence. Ren Dhamma er kun for at hjælpe folk, og den bedste måde at hjælpe folk på er at hjælpe folk til virkelig at opleve *nibbanā* og blive befriede. Hele formålet med læreren og læren er at hjælpe folk på en virkelig måde, ikke at booste deres egoer.

Hvordan vil du sammenligne Vipassana og psykoanalyse?

I psykoanalyse forsøger man at genkalde sig begivenheder fra fortiden som har skabt en stærk betingning af sindet. Vipassana fører derimod den mediterende til det dybeste lag af sindet hvor betingningen begynder. Enhver oplevelse som man prøver at huske i psykoanalysen, vil også have registreret sig som en kropsfornemmelse på det fysiske plan. Ved at iagttage kropsfornemmelser i hele kroppen med sindsligevægt, lader den mediterende utallige lag af betingning opstå og forsvinde. Man håndterer betingningen ved dens rødder og kan befri sig selv fra den hurtigt og let.

Hvad er ægte medfølelse?

Det er ønsket om at tjene folk, at hjælpe dem ud af lidelse. Men det må være uden tilknytning. Hvis man begynder at græde over andres lidelse, gør man bare sig selv ulykkelig. Dette er ikke Dhammas vej. Hvis du har ægte medfølelse, vil du forsøge at hjælpe andre med al din kærlighed, efter din bedste formåen. Hvis det ikke lykkes for dig, smiler du og prøver at hjælpe på en anden måde. Du tjener uden at bekymre dig om resultaterne af din hjælp. Det er ægte medfølelse, som kommer fra et balanceret sind.

Ville du sige at Vipassana er den eneste måde at blive oplyst på?

Man bliver oplyst ved at undersøge sig selv og fjerne betingningen. Og at gøre det er Vipassana, uanset hvilket ord du bruger til at betegne det. Nogle folk har ikke engang hørt om Vipassana, og alligevel er processen begyndt at ske spontant i dem. At dømme ud fra deres ord, lader dette til at være sket for en række hellige mennesker i Indien. Men fordi de ikke lærte processen skridt for skridt, var de ikke i stand til at forklare den klart til andre. Her har du mulighed for at lære en skridt-for-skridt-metode som fører dig til oplysning.

Du kalder Vipassana for en universel levekunst men vil det ikke forvirre folk fra andre religioner som praktiserer det?

Vipassana er ikke en religion i forklædning, som konkurrerer med andre religioner. De mediterende bliver ikke bedt om at tro blindt på en filosofisk doktrin; de bliver fortalt at de kun skal acceptere det de oplever er sandt. Det er ikke teorien, men træningen som er det vigtigste, dvs. moral, koncentration og rensende indsigt. Hvilken religion kan have noget imod det? Hvordan skulle det kunne forvirre nogen? Læg størst vægt på træningen og så vil denne slags spørgsmål automatisk forsvinde.

At fylde flasken med olie

En mor sendte sin søn afsted med en tom flaske og en ti-rupee-seddel, så han kunne købe noget olie fra den nærmeste købmand. Drengen gik derhen og fik flasken fyldt op, men på vejen tilbage faldt han og tabte flasken. Før han nåede at få samlet den op, var halvdelen af olien løbet ud. Flasken var nu halvt tom, og han kom grædende tilbage til sin mor: "Åh, jeg tabte halvdelen af olien! Jeg tabte halvdelen af olien!" Han var meget ulykkelig.

Moren sendte nu en anden søn afsted med en ny flaske og en ny ti-rupee-seddel. Han fik også flasken fyldt op, faldt også på vejen hjem og tabte flasken. Igen løb halvdelen af olien ud af flasken. Drengen samlede flasken op, og kom glad hjem til sin mor: "Se, jeg har reddet halvdelen af olien! Flasken faldt ned på jorden, og kunne være gået i stykker. Olien begyndte at løbe ud; det hele kunne være gået til spilde. Men jeg reddede halvdelen af olien!"

De to sønner var i samme situation da de kom hjem til moren med en flaske der var halvt tom, halvt fuld. Den ene græd over den tomme del, og den anden var glad over den fyldte del.

Så sendte moren en tredje søn afsted med en ny flaske og en ny ti-rupee-seddel. Han faldt også på vejen hjem og tabte ligeledes flasken. Halvdelen af olien løb ud. Han samlede flasken op og kom, lige som den anden søn, glad hjem til sin mor: "Mor, jeg har reddet halvdelen af olien!" Og så var denne dreng en Vipassana-dreng – ikke kun fuld af optimisme, men også af realisme. Han forstod at: "ja, halvdelen af olien blev reddet, men den anden halvdel blev spildt." Og så sagde han til sin mor: "Nu vil jeg gå over på markedet og arbejde hårdt hele dagen, tjene fem rupees, og få flasken fyldt op." Sådan er Vipassana. Ingen pessimisme, istedet; optimisme, realisme og "arbejdisme"!

Kapitel 10

KUNSTEN AT LEVE

Af alle de forudfattede antagelser vi har om os selv, er den mest grundlæggende at der faktisk *findes* et selv. På baggrund af denne antagelse tillægger vi selvet en enorm betydning og gør det til centrum i vores univers. Dette gør vi selvom vi let kan se at vores egen verden blot er én blandt mange, og at vi selv blot er ét enkelt væsen blandt de utallige væsner i verden. Uanset hvor meget vi puster vores selv op, vil det stadig være uanseeligt i forhold til tid og rum. Vores idé om et selv er åbenlyst forkert. Ikke desto mindre dedikerer vi en stor del af vores liv til at søge selvrealisering, idet vi tænker at det må være vejen til lykke. Tanken om at leve på en anden måde forekommer unaturlig eller ligefrem truende.

Men hver eneste person der har oplevet selvbevidsthedens tortur, ved hvor stor en lidelse det er. Så længe vi beskæftiger os med det vi længes efter og frygter, med vores identiteter, er vi begrænsede til selvets klaustrofobiske fængsel, afskåret fra verden og fra livet. At komme ud af denne besættelse af sig selv, er på en meget virkelig måde en befrielse fra fangenskab, som gør os i stand til at deltage i verden, at være åbne over for livet, over for andre, og at finde en virkelig form for tilfredsstillelse. Det der er brug for, er hverken selvfornægtelse eller selvundertrykkelse, men befrielse fra vores misforståede idé om et selv. Og vejen til denne befrielse er at indse at det vi kalder os selv, faktisk er et flygtigt fænomen i konstant forandring.

Vipassana meditation er en måde at opnå denne indsigt på. Så længe man ikke personligt har oplevet kroppen og sindets flygtige natur, vil man være fanget i egoisme og derfor lide. Men når illusionen om bestandighed rystes, forsvinder illusionen om et "jeg" automatisk og lidelsen fortager sig lige så stille. For den Vipassana-mediterende er anicca, indsigten i selvets og verdens flygtige natur, nøglen der åbner døren til befrielse. Vigtigheden af at forstå ubestandighed er et tema der løber som en rød tråd gennem hele Buddhas lære. Han sagde:

En enkelt dag i et liv
hvor man ser at alting opstår og forgår
er bedre end at leve hundrede år
og forblive blind over for denne virkelighed.[53]

Han sammenlignede bevidstheden om ubestandighed med en bondemands plov som skærer gennem alle rødder når han pløjer marken; han sammenlignede det med en tagryg der er højere end de bjælker der støtter den; med en almægtig kejser der hersker over sine vasaller; med månen, hvis stærke skær gør stjernerne matte; med solen der står op og fordriver alt mørke fra himlen.[54] De sidste ord han sagde inden han gik bort var: "Alle *saṅkhāras* – alle skabte ting – forandrer sig. Praktiser energisk for at indse denne sandhed."[55]

Sandheden om *anicca* skal ikke kun accepteres rent intellektuelt, følelsesmæssigt eller ud af hengivenhed. Hver af os må opleve *anicca* inde i os selv. Den direkte forståelse af ubestandighed og, sammen med den, forståelsen af lidelse og af jegets illusoriske natur, udgør sand indsigt som fører til befrielse. Dette er ret forståelse.

Den mediterende oplever denne befriende visdom som kulminationen på træningen i *sīlā, samādhi* og *paññā.* Med mindre man øver sig i disse tre ting, med mindre man tager hvert skridt på vejen, kan man ikke opnå virkelig indsigt og frihed fra lidelse. Men selv før man overhovedet begynder at praktisere, er det nødvendigt at have en smule visdom – selv hvis det bare er en intellektuel forståelse af sandheden om at der findes lidelse. Uden en sådan forståelse, uanset hvor overfladisk den er, ville tanken om at arbejde på at befri sig selv fra lidelse aldrig opstå i sindet. "Ret forståelse kommer først", sagde Buddha.[56]

Således er de første skridt på den ædle ottefoldige vej faktisk ret forståelse og ret tanke. Det er nødvendigt at vi ser problemet og beslutter os for at gøre noget ved det. Først da er det muligt at begynde den faktiske træning i Dhamma. Vi begynder at følge vejen ved at øve os i moral, og følger forskrifterne for at have en vejviser for vores handlinger. Med træningen i koncentration begynder vi at træne sindet og udvikler *samādhi* gennem bevidsthed om åndedrættet. Og ved at iagttage kropsfornemmelser i hele kroppen, udvikler vi en erfaringsbaseret visdom som befrier sindet fra betingning.

Og med den virkelige forståelse som man nu har fra sin egen erfaring, bliver ret forståelse igen det første skridt på vejen. Gennem Vipassana forstår man sin egen konstant foranderlige natur, og befrier herigennem sindet fra begær, modvilje og uvidenhed. Med et rent sind vil det være umuligt at tænke på at skade andre. I stedet bliver ens tanker fyldt med velvilje og medfølelse for andre. I tale, handling og levevej lever man uden at skade nogen, roligt og fredfyldt. Og med den ro der følger af at leve et moralsk liv, bliver det lettere at udvikle koncentration. Og jo stærkere koncentrationen bliver, jo mere gennemtrængende bliver ens visdom. Således er vejen en opadgående spiral, som fører til befrielse. Hver af de tre øvelser, støtter de andre – ligesom de tre ben på en taburet. Alle tre ben skal være der og skal have samme længde, ellers kan taburetten ikke stå. På samme måde skal den mediterende praktisere både *sīlā, samādhi* og *pañña* for at udvikle alle vejens facetter. Buddha sagde:

Fra ret forståelse opstår ret tanke;
fra ret tanke opstår ret tale;
fra ret tale opstår ret handling;
fra ret handling opstår ret levevis;
fra ret levevis opstår ret indsats;
fra ret indsats opstår ret bevidsthed;
fra ret bevidsthed opstår ret koncentration;
fra ret koncentration opstår ret visdom;
fra ret visdom opstår ret befrielse.[57]

Vipassana meditation har også en stor praktisk værdi her og nu. I hverdagslivet opstår der utallige situationer som får os til at miste sindsligevægten: Der opstår uventede problemer, eller folk vender sig uventet imod os. At have lært Vipassana er ikke ensbetydende med at man ikke vil have flere problemer. Ligesom at have lært at styre et skib ikke er ensbetydende med at man kun vil have behagelige sejlture. Hverken storme eller problemer kan undgås. At forsøge at flygte fra dem giver ikke nogen mening og vil bare forværre situationen. Den rette tilgang vil derimod være at bruge det man har lært til at ride stormen af.

For at kunne gøre det, må vi først forstå problemets sande natur. Uvidenhed får os til at bebrejde andre og de ydre omstændigheder, og anse dem for at være kilden til problemet. Og så bruger vi al vores energi på at forsøge at ændre den ydre situation. Men når man praktiserer Vipassana vil man indse at der ikke er andre end os selv som er ansvarlige for vores lykke eller ulykke. Problemet ligger i sindets vane med at reagere blindt. Derfor bør vi være opmærksomme på den indre storm af betingede reaktioner i sindet. Blot at beslutte sig for at man ikke vil reagere, vil ikke virke. Så længe at der stadig er betingning i den ubevidste del af sindet, vil den før eller siden blive aktiveret og overmande os, uanset hvor fast besluttede vi måtte være på ikke at reagere. Den eneste løsning der reelt vil fungere, er at lære at iagttage og forandre os selv.

Dette er måske let nok at forstå, men at føre det ud i livet er langt mere udfordrende. Det store spørgsmål er stadig *hvordan* man skal iagttage sig selv. En negativ reaktion er begyndt i sindet – vrede, frygt eller had. Før man kommer i tanke om at man skal iagttage den, har den overvældet en og man taler eller handler på en negativ måde. Senere, efter skaden er sket, erkender man at man har begået en fejl og fortryder. Men næste gang gentager den samme opførsel sig igen.

Eller lad os sige at man faktisk lægger mærke til at man er begyndt at reagere og prøver at iagttage reaktionen. Så snart man prøver, kommer man i tanke om den person eller situation som gjorde en vred. Og så bliver man endnu mere vred. At iagttage en følelse uden at forbinde den med nogen situation eller person, overstiger de fleste menneskers formåen.

Men ved at undersøge den ultimative virkelighed om sind og materie, opdagede Buddha at der forekommer to forandringer på det fysiske plan, når der opstår en reaktion i sindet. Den ene af dem er ret let at bemærke: Åndedrættet bliver en smule tungere. Den anden er mere subtil: Der opstår en biokemisk reaktion, en fornemmelse i kroppen. Med den rette træning vil de fleste let kunne lære at udvikle evnen til at iagttage åndedrættet og kropsfornemmelserne. Dette giver os mulighed for at gøre brug af forandringer i åndedræt og kropsfornemmelser som advarsler om en negativ reaktion – lang tid før den kan nå at få så meget styrke at den bliver farlig. Og hvis vi bliver ved med at iagttage åndedræt og kropsfornemmelser, vil vi let blive fri fra den negative følelse der er opstået.

Vanen med at reagere er dybt indgroet og slipper os selvfølgelig ikke lige med det samme. Men efterhånden som vi gør fremskridt i Vipassana, sker der forandringer i det daglige liv. Vi opdager at vi i det mindste *nogle gange* kan iagttage os selv, i stedet for at reagere blindt. Gradvist bliver der flere af de øjeblikke hvor vi iagttager og færre af de øjeblikke hvor vi reagerer. Selv hvis vi reagerer, vil reaktionen blive kortere og mindre intens. Til sidst vil vi kunne iagttage åndedræt og kropsfornemmelser i selv de mest provokerende situationer, og dermed kunne bevare ro og sindsligevægt.

Med denne balance, denne sindsligevægt på sindets dybeste plan, vil man for første gang blive i stand til virkelig at handle – og virkelig handling er altid positiv og kreativ. I stedet for bare automatisk at reagere på andres negativitet, kan vi vælge den måde at handle på som er mest gavnlig. Når en uvidende person har at gøre med en person som koger af vrede, vil han selv blive vred, hvilket resulterer i et skænderi, som gør begge parter ulykkelige. Men hvis vi forbliver rolige og balancerede, kan vi hjælpe den anden person med at komme ud af vreden og håndtere problemet konstruktivt.

Ved at iagttage vores kropsfornemmelser lærer vi at vi altid lider når vi bliver overvældet af negativitet. Når vi ser andre reagere med negativitet, forstår vi derfor at de lider. Med denne forståelse kan vi udvikle medfølelse for dem og handle på en måde der hjælper dem til at blive fri fra deres negativitet, frem for at gøre dem mere ulykkelige. Vi forbliver fredfyldte og lykkelige og hjælper andre til at blive det samme.

At udvikle opmærksomhed og sindsligevægt gør os ikke til passive og inaktive grøntsager, der lader verden gøre hvad den vil med os. Det gør os heller ikke ufølsomme over for andres lidelse mens vi lader os opsluge af vores egen søgen efter indre fred. Dhamma lærer os at tage ansvar for vores eget, så vel som andres velbefindende. Vi gør hvad end der er nødvendigt for at hjælpe folk, men bevarer et balanceret sind. Når en uklog person ser et barn der er ved at drukne i kviksand, vil han blive oprevet, hoppe i efter barnet og selv drukne. En vis person vil roligt og balanceret finde en gren som kan nå ud til barnet og trække ham op i sikkerhed. At kaste sig ned i begæret og modviljens kviksand for at redde andre, vil ikke hjælpe nogen. Vi må få dem der er ved at drukne op på fast grund, få dem i mental balance.

Mange gange vil det være nødvendigt at tage stærk handling i livet. Det kan for eksempel være at vi på en mild og venlig måde har forsøgt at forklare en person at han er ved at begå en fejl. Men eftersom personen kun kan forstå stærke ord og handlinger, ignorerer han det vi siger. Derfor handler man stærkt i det omfang der er brug for det. Men inden vi handler, må vi undersøge os selv for at se om sindet er balanceret og om vi har medfølelse og kærlighed for den person som vi irettesætter. Hvis vi har det, vil handlingen være en hjælp; hvis ikke, vil den ikke rigtigt hjælpe nogen. Hvis vi handler ud af medfølelse og kærlighed, kan det ikke gå galt.

Når vi ser en stærk person angribe en svagere person, har vi et ansvar for at stoppe denne usunde handling. Det vil en hvilken som helst fornuftig person forsøge at gøre – selvom det nok vil være af medlidenhed med offeret og af vrede mod angriberen. En Vipassana-mediterende vil have lige stor medfølelse for begge parter, idet han forstår at offeret skal beskyttes fra at blive skadet og angriberen fra at skade sig selv med denne usunde handling.

Det er utrolig vigtigt at undersøge sit eget sind før man handler på en stærk måde; det er ikke nok bare at retfærdiggøre handlingen efterfølgende. Hvis vi ikke selv oplever fred og harmoni indeni, kan vi ikke fremelske fred og harmoni hos andre. Som Vipassana-mediterende lærer vi at være engagerede i det vi gør, samtidig med at vi er ubundne, vi lærer at have både medfølelse og sindsligevægt.

Ved at udvikle bevidsthed og sindsligevægt, arbejder vi for alles bedste. Selv hvis vi ikke gjorde andet end at afholde os fra at bidrage til den totale sum af spændinger i verden, ville vi have gjort noget godt og gavnligt. Men gennem sin stilhed taler sindsligevægten højt og giver genlyd vidt omkring og påvirker mange mennesker.

Når alt kommer til alt, er mental negativitet – vores egen og andres – den egentlige årsag til verdens lidelser. Når sindet er blevet rent, åbner livet sig for os med en uendelig rigdom og vi oplever en virkelig lykke som vi kan dele med andre.

Spørgsmål og svar

SPØRGSMÅL: Må vi fortælle andre om meditationen?

S. N. GOENKA: Ja, selvfølgelig. Der er ikke nogen hemmeligheder i Dhamma. Du må fortælle alle om hvad du har lært her. Men at vejlede andre i at meditere er noget helt andet, det bør man ikke gøre på det her stadie. Vent med det indtil du er solidt forankret i teknikken og er trænet til at vejlede andre. Hvis nogen af dem du fortæller om Vipassana er interesserede i at praktisere, så foreslå dem at tage et kursus. Den første oplevelse man har med Vipassana bør være på et organiseret kursus under vejledning af kvalificerede lærere. Derefter kan man selv praktisere.

Jeg dyrker yoga. Hvordan kan jeg integrere det med Vipassana?

Under et kursus er yoga ikke tilladt fordi det vil tiltrække opmærksomhed og dermed forstyrre andre. Men når du kommer hjem, kan du praktisere både Vipassana og yoga, dvs. de fysiske øvelser med yogastillinger og åndedrætskontrol. Yoga er meget gavnligt for det fysiske helbred. Du kan ovenikøbet kombinere det med Vipassana. Fx ved at du indtager en bestemt stilling og så iagttager kropsfornemmelserne i hele kroppen; dette vil være endnu mere gavnligt end kun at praktisere yoga. Men de meditationsteknikker inden for yoga hvor man bruger mantraer og visualiseringer er helt modsatte af Vipassana. Lad være med at blande dem med denne teknik.

Hvad med de forskellige åndedrætsøvelser inden for yogaen?

De er gavnlige på samme måde som de fysiske øvelser. Men lad være med at blande disse øvelser med *ānāpāna.* I *ānāpāna* skal man iagttage det naturlige åndedræt som det er, uden at kontrollere det. Praktiser åndedrætskontrol som en fysisk øvelse og *ānāpāna* for meditation.

Begynder jeg – denne boble – ikke at klynge mig til oplysning?

Hvis du gør, så løber du i den modsatte retning af det. Man kan aldrig opleve oplysning så længe at man klynger sig til noget. Forstå ganske enkelt hvad oplysning er. Og bliv så ved med at iagttage virkeligheden i dette øjeblik, og lad oplysningen komme. Hvis den ikke kommer, så lad dig ikke forstyrre af det. Du gør bare dit arbejde, og overlader resultaterne til Dhamma. Hvis du arbejder på denne måde, klynger du dig ikke til oplysningen og så vil den helt sikkert komme.

Så jeg mediterer bare for at gøre mit arbejde?

Ja. Det er dit eget ansvar at rense dit eget sind. Tag det som et ansvar, men gør det uden at klynge dig til det.

Det handler ikke om at opnå noget?

Nej. Hvad end der kommer, vil komme af sig selv. Lad det ske naturligt.

Hvad synes du om at lære børn Dhamma?

Det bedste tidspunkt for det er før fødslen. Under graviditeten bør moderen praktisere Vipassana, så at barnet også får det og bliver født som et Dhamma-barn. Men hvis du allerede har børn, kan stadig du dele Vipassana med dem. Fx har du som afslutning på Vipassana lært at praktisere *mettā-bhāvanā*, at dele din fred og harmoni med andre. Hvis dine børn er meget små, så send dem din *mettā* efter hver meditation og ved deres sengetid; på denne måde vil de også få gavn af din Dhamma-praksis. Og når de bliver ældre, kan du forklare dem lidt om Dhamma på en måde som de kan acceptere. Hvis de forstår lidt mere, så lær dem at praktisere *ānāpāna* i et par minutter. Pres ikke børnene på nogen måde. Bare lad dem sidde og iagttage deres åndedræt med dig i et par minutter, og så lad dem gå ud og lege. Meditationen vil være ligesom en leg for dem; de vil nyde det. Og vigtigst af alt er at du selv lever et sundt Dhamma-liv, du skal sætte et godt eksempel for dine børn. Du skal skabe en fredfyldt og harmonisk atmosfære i dit hjem, som vil hjælpe dem til at udvikle sig til at være sunde og glade mennesker. Dette er det bedste du kan gøre for dine børn.

Tusinde tak for den vidunderlige Dhamma.

Tak Dhamma! Dhamma er fantastisk. Jeg er bare et redskab. Og tak også dig selv. Du har arbejdet hårdt, så du fangede teknikken. En lærer bliver ved med at snakke og snakke, men hvis man ikke arbejder, får man ikke noget. Arbejd hårdt og bliv lykkelig, arbejd hårdt!

Klokken har slået

Jeg føler mig meget heldig med at jeg blev født i Myanmar, Dhamma-landet, hvor denne vidunderlige teknik blev bevaret gennem århundreder i sin oprindelige form. For omkring hundrede år siden, flyttede min bedstefar fra Indien til Myanmar, det er derfor at jeg blev født dér. Det var også heldigt at jeg voksede op i en familie som var forretningsfolk, og at jeg allerede i mine teenageår begyndte at arbejde for at tjene penge. At tjene læssevis af penge var dengang det hovedsagelige formål i mit liv. Det er godt at det i en ung alder lykkedes mig at tjene mange penge, for hvis jeg aldrig havde prøvet at være rig, ville jeg ikke have haft oplevelsen af hvor hult et liv det er. Og hvis jeg ikke selv havde oplevet det, ville der måske altid have været en lille del af sindet som tænkte at ægte lykke ligger i rigdom. Når folk bliver rige, får de en særlig status i samfundet; de bliver tildelt fornemme titler og får ledende stillinger i en masse forskellige organisationer. Denne jagt på social prestige begyndte jeg allerede på i midten af tyverne. Og meget naturligt fremkaldte alle disse spændinger en psykosomatisk sygdom; alvorlig migræne. Hver fjortende dag blev jeg ramt af et anfald af denne alvorlige sygdom, som der ikke var nogen behandling for. Men jeg er meget taknemmelig for at jeg udviklede denne sygdom.

Selv de bedste læger i Myanmar kunne ikke helbrede min sygdom. Den eneste behandling de kunne tilbyde mig, var en injektion af morfin for at lindre et anfald. Hver fjortende dag havde jeg brug for en injektion af morfin og måtte efterfølgende lide af bivirkningerne: kvalme, opkast, elendighed.

Efter et par år med denne miserable situation, begyndte lægerne at advare mig: "Som det er nu, tager du morfin for at lindre dine sygdomsanfald. Men hvis du fortsætter, vil du blive afhængig af morfin, og så vil du blive nødt til at tage det hver eneste dag." Jeg var chokeret over denne udsigt; det ville være en forfærdelig måde at leve på. Lægerne gav mig et råd: "Du rejser ofte udenlands i forbindelse med dit arbejde; tag for en gangs skyld på en rejse, hvor det er dit helbred det handler om. Vi har ikke nogen behandling for din sygdom, og det vil læger i andre lande heller ikke have. Men måske vil de have noget andet smertestillende medicin, der kan lindre dine anfald, så du kan undgå at blive afhængig af morfin." Jeg fulgte deres råd, og rejste til Schweitz, Tyskland, England, USA og Japan. Jeg blev behandlet af de bedste læger i disse lande. Og jeg er dybt taknemmelig for at det ikke lykkedes nogen af dem at helbrede mig. Da jeg kom hjem, var min tilstand værre end da jeg tog afsted.

Efter jeg kom hjem fra denne mislykkede tur, var der en betænksom ven der kom med et forslag: "Hvorfor prøver du ikke et af de her 10-dages kurser i Vipassana meditation? De afholdes af U Ba Khin, en meget god mand, en statstjenestemand. Han har også en familie som han forsørger, ligesom dig. Jeg synes faktisk det virker som om at din sygdom er psykosomatisk, og her er der en teknik som siges at befri sindet fra spændinger. Måske kan du helbrede dig selv ved at praktisere den teknik." Alt andet havde slået fejl, så jeg besluttede at jeg i det mindste ville tage hen og møde denne meditationslærer. Når alt kom til alt, havde jeg ikke noget at miste.

Jeg tog hen til meditationscentret og mødte denne ekstraordinære mand. Jeg var dybt imponeret over stedets rolige og fredfyldte atmosfære og af hans fredfyldte tilstedeværelse, og sagde: "Hr., jeg vil gerne tage et kursus hos dig. Vil du være venlig at acceptere mig?"

"Selvfølgelig, denne teknik er for alle. Du er velkommen til at tage et kursus."

Jeg fortsatte: "I en årrække har jeg lidt af en uhelbredelig sygdom, alvorlige migræneanfald. Jeg håber at denne teknik kan helbrede mig."

"Nej," sagde han pludselig, "så kan du ikke deltage på kurset; du kan ikke komme her." Jeg kunne ikke forstå hvordan jeg havde fornærmet ham; men så forklarede han medfølende: "Formålet med Dhamma er ikke at helbrede sygdomme. Hvis det er det du søger, skulle du have opsøgt en læge. Formålet med Dhamma er at helbrede alle livets lidelser. Den her sygdom du har, er faktisk en ret lille brøkdel af din lidelse. Den vil gå væk, men det vil være som et biprodukt af det primære mål, som er mental renselse. Hvis du gør biproduktet til dit primære mål, devaluerer du Dhamma. Kom her ikke for fysisk helbredelse, men for at befri sindet."

Han overbeviste mig: "Ja, hr.," sagde jeg, nu forstår jeg. Jeg kommer kun for at rense mit sind. Uanset om min sygdom bliver helbredt eller ej, vil jeg gerne opleve den fred som jeg ser her." Og efter at have givet ham dette løfte, tog jeg hjem.

Men jeg udskød stadig at tage kurset. Jeg blev født ind i en meget konservativ hindufamilie, og allerede som barn havde jeg lært at recitere: "Det er bedre at dø i sin egen religion, din egen *dharma*[2], end at skifte til en anden religion." Jeg sagde til mig selv, "Hør, det her er en anden religion, buddhisme. Og de her folk er buddhister, de tror ikke på Gud eller på at der findes en sjæl!" (Som om at det ville løse alle ens problemer at tro på en Gud eller en sjæl!) "Hvis jeg bliver ateist, hvad vil der så ske med mig? Nej, det går ikke, det er bedst at jeg dør i min egen religion, jeg må holde mig væk fra dem."

I flere måneder tvivlede jeg på denne måde. Men heldigvis endte jeg med til sidst at beslutte at give teknikken et forsøg, for at se hvad der ville ske. Jeg deltog i et kursus, og gennemgik de ti dage. Jeg er glad for at kurset gav mig så meget. Nu kunne jeg forstå hvad min vej var, hvad min *dharma* var, og hvad andres

---

2 Der er et ordspil her på de forskellige betydninger af ordet *dhamma,* eller *dharma* på sanskrit og moderne hindi. I nutidens Indien tillægges ordet en snæver, sekterisk betydning, som her sættes i kontrast til begrebets meget bredere oprindelige betydning: "natur".

dharma var. Menneskehedens *dharma* er ens egen *dharma*. Kun et menneske har evnen til at iagttage sig selv for at komme ud af lidelse. At iagttage virkeligheden inde i sig selv er menneskets *dharma*. Ingen lavere væsner har denne evne. Hvis vi ikke gør brug af denne evne, lever vi som lavere væsner; vi spilder vores liv, hvilket er virkelig tragisk.

Jeg havde altid anset mig selv for at være et meget religiøst menneske. Jeg udførte jo alle de nødvendige religiøse pligter, jeg fulgte de moralske regler og jeg gav en masse penge til velgørenhed. Og hvis jeg ikke var et religiøst menneske, hvorfor skulle jeg så være blevet udnævnt til leder for så mange religiøse organisationer? Jo, tænkte jeg, der er vist ingen tvivl om at jeg er et meget religiøst menneske. Men uanset hvor meget jeg havde givet til velgørenhed, hvor meget jeg havde hjulpet, hvor omhyggelig jeg havde været med min tale og mine handlinger, var sindet ikke blevet rent. Da jeg begyndte at iagttage de mørke afkroge af sindet dybt indeni, opdagede jeg at de var fulde af slanger og skorpioner og skolopendre, som havde gjort at jeg måtte udholde så meget lidelse. Efterhånden som urenhederne begyndte at løse sig op, begyndte jeg at opleve virkelig fred. Jeg indså hvor heldig jeg havde været med at få denne juvel, Dhammaen, denne vidunderlige teknik.

Jeg var heldig nok til at kunne praktisere denne teknik i 14 år i Myanmar, under min lærers tætte vejledning. Samtidig tog jeg selvfølgelig stadig vare på min familie og mine forpligtelser i den forbindelse. Jeg fortsatte også med at meditere hver morgen og aften. Hver weekend tog jeg hen til min lærers meditationscenter og hvert år tog jeg et meditationskursus på 10 dage eller mere.

I begyndelsen af 1969 var jeg nødt til at tage en tur til Indien. Mine forældre var flyttet dertil et par år tidligere, og min mor havde udviklet en psykosomatisk sygdom, som jeg vidste kunne helbredes med Vipassana. Men der var ikke nogen i Indien som kunne undervise hende. Vipassana-teknikken havde længe været glemt i Indien, hvor den ellers oprindeligt kom fra. Selv navnet var blevet glemt. Jeg er taknemmelig for at den myanmarske regering tillod mig at tage til Indien; på den tid var det ikke normal praksis at landets borgere fik tilladelse til at rejse ud af landet. Jeg er også taknemmelig for at den indiske regering gav mig lov til at rejse dertil. I juli 1969 blev det første kursus afholdt i Mumbai. Mine forældre og tolv andre deltog. Det var en stor lykke at jeg fik mulighed for at hjælpe mine forældre. Ved at lære dem Dhamma, kunne jeg komme ud af min dybe taknemmelighedsgæld til dem.

Nu hvor turen havde opfyldt sit formål, var jeg klar til at tage hjem til Myanmar. Men dem der havde deltaget i kurset, begyndte at presse på for at jeg skulle holde et kursus til, og så et til. De ville have et kursus for deres fædre, mødre, koner, mænd, børn og venner. Og så blev det andet kursus afholdt, så det tredje, og det fjerde, og på denne måde begyndte undervisningen i Dhamma at sprede sig.

I 1971, mens jeg holdt et kursus i Bodh Gaya, modtog jeg et telegram fra Rangoon, hvor der stod at min lærer var gået bort. Det var fuldstændigt uventet og var selvfølgelig en chokerende og meget trist nyhed. Men ved hjælp af den Dhamma som han havde givet mig, forblev mit sind balanceret.

Nu måtte jeg beslutte hvordan jeg skulle tilbagebetale min taknemmelighedsgæld til dette renhjertede menneske, Sayagyi U Ba Khin. Mine forældre havde givet mig et liv som menneske, men et liv som stadig var omsluttet af en skal af uvidenhed. Det var kun med hjælp fra dette vidunderlige menneske at det havde været muligt for mig at bryde skallen og opdage sandheden ved at iagttage virkeligheden indeni. Og ikke bare det, men i fjorten år havde han styrket og plejet mig i Dhamma. Hvordan kunne jeg tilbagebetale taknemmelighedsgælden til min Dhamma-far? Den eneste mulighed jeg kunne se, var at praktisere hvad han havde lært mig, at leve et Dhamma-liv; dette var den passende måde at ære ham på. Og med så meget renhed i sindet, så meget kærlighed og medfølelse jeg kunne udvikle, besluttede jeg at vie resten af mit liv til at hjælpe andre, eftersom det er det han ønskede at jeg skulle gøre.

Han plejede tit at referere til en traditionel tro i Myanmar om at Dhammaen 2500 år efter Buddhas tid ville vende tilbage til sit oprindelsesland og derfra sprede sig til hele verden. Det var hans ønske at hjælpe denne forudsigelse med at gå i opfyldelse ved at vende tilbage til Indien og undervise i Vipassana der. "De

2500 år er gået," plejede han at sige: "Vipassana-uret har slået!" Desværre var der nogle politiske forhold i hans senere liv som gjorde at det ikke var muligt for ham at rejse udenlands. Men da jeg fik tilladelse til at rejse til Indien i 1969, var han yderst tilfreds og sagde: "Goenka, det er ikke dig der tager afsted – det er mig!"

Først troede jeg bare at denne forudsigelse var sekterisk overtro. Hvorfor skulle der ske noget særligt efter 2500 år, hvorfor ikke før? Men det kom bag på mig hvad der skete da jeg kom til Indien. Selvom jeg kendte mindre end hundrede personer i dette enorme land, begyndte der at komme tusindvis af folk til kurserne, med vidt forskellige baggrunde, fra alle religioner, fra alle grupper i samfundet. Ikke kun indere – der begyndte at komme tusindvis af folk fra mange forskellige lande.

Det blev tydeligt at der ikke er noget der sker uden en årsag. Der er ingen der kommer til et kursus ved et tilfælde. Nogle har måske gjort noget godt i fortiden, og har derfor nu fået mulighed for at få et frø af Dhamma. Andre har allerede fået dette frø, og er nu kommet for at lade det gro. Uanset om du er kommet for at få et frø eller for at udvikle det frø du allerede har, så fortsæt med at vokse i Dhamma for dit eget bedste, til gavn for dig selv, for din egen befrielse, og så vil du opdage hvordan det også begynder at hjælpe andre. Dhamma er til gavn for alle.

Må lidende mennesker overalt finde denne vej til fred. Må de alle blive befriede fra deres lidelse, deres lænker, deres fangenskab. Må de befri deres sind fra alle urenheder.

Må alle væsner i hele universet være lykkelige.

Må alle væsner være fredfyldte.

Må alle væsner være befriede.

Bilag A

VIGTIGHEDEN AF VEDANĀ I BUDDHAS LÆRE

Buddhas lære er et system til at udvikle selvindsigt, som fører til selvforandring. Ved at få en erfaringsbaseret forståelse af virkeligheden om vores egen natur, kan man fjerne de fejlantagelser som får os til at handle på en forkert måde og blive ulykkelige. Vi lærer at handle i linje med virkeligheden, hvilket gør vores liv produktive, nyttige og lykkelige.

I **Satipaṭṭhāna Suttaen**, "Foredraget om at blive forankret i bevidsthed", fremlagde Buddha en praktisk metode til at udvikle selvindsigt gennem selviagttagelse. Denne teknik er Vipassana meditation.

Når man forsøger at iagttage sandheden om sig selv, vil man hurtigt opdage at det man kalder "sig selv" har to aspekter, et fysisk og et psykisk, krop og sind. Vi må lære at iagttage begge dele. Men hvordan kan man egentlig opleve virkeligheden om krop og sind? Det vil ikke være nok at lytte til andres forklaringer, eller at udelukkende forlade sig på en intellektuel forståelse. Begge dele vil nok kunne vejlede os i arbejdet med at udforske os selv, men vi må hver især udforske og opleve virkeligheden direkte inde i os selv.

Vi oplever alle kroppens virkelighed ved at mærke den, dvs. ved at mærke de fysiske kropsfornemmelser der opstår i den. Når vi lukker øjnene ved vi stadig at vi har hænder, eller andre kropsdele, fordi vi kan mærke dem. Ligesom en bog en har en ydre form og et indhold indeni, har den fysiske struktur en ydre, objektiv virkelighed – kroppen (**kāya**) – og en indre, subjektiv virkelighed - kropsfornemmelserne (**vedanā**). Vi tilegner os en bog ved at læse alle de ord der er i den; vi oplever kroppen ved at mærke kropsfornemmelserne. Uden bevidsthed om kropsfornemmelserne, kan der ikke være nogen direkte indsigt i den fysiske struktur. Disse to er uadskillelige.

Ligeledes kan den psykiske struktur deles op i form og indhold: sindet (**citta**) og det der opstår i sindet (**dhamma**) – tanker, følelser, minder, håb, bekymringer, alt det der sker mentalt. Ligesom kroppen og kropsfornemmelserne ikke kan opleves separat, kan man heller ikke iagttage sindet uden at iagttage det der sker i sindet. Men sind og krop hænger også tæt sammen. Hvad end der opstår i den ene del, afspejles i den anden. Dette var en af Buddhas vigtigste opdagelser, og har en afgørende betydning i hans lære. Som han udtrykte det: "Hvad end der opstår i sindet, ledsages af en kropsfornemmelse."[58] Derfor giver iagttagelse af kropsfornemmelserne mulighed for at undersøge hele vores organisme, både den fysiske og den mentale del.

Disse fire aspekter af virkeligheden er fælles for alle mennesker: krop og kropsfornemmelser, som udgør den fysiske del, og sindet og dets indhold, som udgør den mentale del. I **Satipaṭṭhāna Suttaen** udgør disse fire aspekter de fire veje til at forankre sig i bevidsthed, de fire positioner hvorfra man kan iagttage fænomenet menneske. Hvis undersøgelsen skal være fuldstændig, skal alle fire aspekter opleves. Og man kan opleve alle fire ved at iagttage *vedanā.*

Af denne årsag understregede Buddha især at det er vigtigt at iagttage *vedanā.* I *Brahmajāla suttaen,* et af hans vigtigste foredrag, sagde han: "Kropsfornemmelsernes opståen og forgåen, den nydelse de giver, den fare de indebærer og befrielsen fra dem; alt dette har den oplyste set som det er, og er derigennem blevet befriet fra al bundenhed."[59] Han sagde at bevidsthed om *vedanā* er en forudsætning for at forstå de fire ædle sandheder: "For den der oplever kropsfornemmelser, viser jeg vejen til indsigt om lidelsen, dens oprindelse, dens ophør og vejen som fører til dens ophør."[60]

Hvad er *vedanā* helt præcist? Buddha beskrev det på forskellige måder. Han beskrev *vedanā* som en af de fire processer som tilsammen udgør sindet (se kapitel 2). Men når han gav en mere detaljeret beskrivelse, beskrev han at *vedanā* både har mentale og fysiske aspekter.[61] Materie kan ikke selv mærke noget, hvis ikke sindet er til stede: I en død krop er der fx ikke nogen kropsfornemmelser. Det er sindet der mærker, men der vil være et fysisk element i det som det mærker.

Dette fysiske element er af stor betydning når man praktiserer Buddhas lære. Formålet med at praktisere er at udvikle vores evne til at håndtere livets op- og nedture på en balanceret måde. I meditationen lærer vi at gøre dette ved at iagttage alt der sker inde i os selv med sindsligevægt. Med denne sindsligevægt kan vi bryde vanen med at reagere blindt, og kan i stedet vælge den handlemåde som vil være mest gavnlig i hver enkelt situation.

Alt hvad vi oplever i livet, møder vi gennem de seks sanseindgange, de fem fysiske sanser og sindet. Og ifølge kæden af betinget opståen, vil der opstå en kropsfornemmelse så snart der opstår kontakt med nogen af disse sanseindgange, så snart vi møder et fysisk eller mentalt fænomen (se kapitel 4). Hvis vi ikke er opmærksomme på hvad der sker i kroppen, vil vi forblive ubevidste om kropsfornemmelserne. I uvidenhedens mørke sker der en ubevidst reaktion på en kropsfornemmelse, et øjeblik af at kunne lide eller ikke at kunne lide, som udvikler sig til begær eller modvilje. Denne reaktion gentages og forstærkes utallige gange før den påvirker det bevidste sind. Hvis de mediterende kun er opmærksomme på det som sker i det bevidste sind, vil de først blive bevidste om processen efter reaktionen er indtruffet og har vokset sig farligt stærk, stærk nok til at overmande dem. De giver den lille gnist af en kropsfornemmelse lov til at antænde en buldrende ild, før de begynder at prøve at slukke den, og gør det således unødvendigt besværligt for sig selv. Men hvis de lærer at iagttage fornemmelserne i kroppen objektivt, giver de hver lille gnist lov til selv at brænde ud, uden at antænde en ildebrand. Ved at lægge vægt på det fysiske aspekt, bliver de bevidste om *vedanā* så snart de opstår, og kan forebygge at der opstår reaktioner.

Det fysiske aspekt af *vedanā* er særligt vigtigt fordi det giver en klar og håndgribelig oplevelse af ubestandighed inde i os selv. Der foregår forandringer som manifesterer sig som kropsfornemmelser inde i os hvert eneste øjeblik. Det er på dette plan at ubestandigheden skal opleves. Når vi iagttager de konstant foranderlige kropsfornemmelser, giver det os mulighed for at få indsigt i vores egen flygtige natur. Denne indsigt gør det åbenlyst hvor nytteløst det er at klynge sig til noget der er så forbipasserende. Således giver den direkte oplevelse af *anicca* automatisk ophav til en ubundethed som ikke bare hjælper én med at undgå nye reaktioner af begær og modvilje, men også fjerner selve vanen med at reagere. Således befrier man gradvist sindet for lidelse. Med mindre at det fysiske aspekt tages med, forbliver bevidstheden om *vedanā* halv og ufuldstændig. Derfor understregede Buddha gentagne gange hvor vigtigt det er at opleve ubestandighed gennem fysiske fornemmelser i kroppen. Han sagde:

> *Dem der konstant gør en indsats for at rette deres*
> *opmærksomhed mod kroppen,*
> *som afholder sig fra usunde handlinger,*
> *og som bestræber sig på at gøre hvad der bør gøres,*
> *sådanne mennesker, bevidste, med klar indsigt,*
> *bliver befriede fra deres urenheder.*[62]

Årsagen til lidelse er *taṇha*, begær og modvilje. Normalt virker det som om at vi reagerer med begær og modvilje på de forskellige objekter som vi møder gennem de fysiske sanser og sindet. Men Buddha opdagede at der manglede et led mellem de fysiske sanser og reaktionen: *vedanā*. Vi reagerer ikke på den ydre virkelighed, men på kropsfornemmelserne inde i os. Når vi lærer at iagttage kropsfornemmelser uden at reagere med begær og modvilje, opstår årsagen til lidelse ikke, og lidelsen ophører. Derfor er det essentielt at iagttage *vedanā* for at praktisere det Buddha underviste i. Og iagttagelsen skal være af de fysiske kropsfornemmelser, hvis bevidstheden om *vedanā* skal være fuldstændig. Med bevidstheden om kropsfornemmelser, kan vi trænge ned til problemets rod, og fjerne den. Vi kan iagttage vores egen natur på det dybeste plan, og vi kan befri os selv fra lidelse.

Når man forstår hvilken central betydning iagttagelsen af kropsfornemmelser har i Buddhas lære, kan man få ny indsigt i *Satipaṭṭhāna Suttaen.*[63] Foredraget indleder med at fremsætte formålet med *satipaṭṭhāna,* formålet med at blive forankret i bevidsthed: "At rense sig; at transcendere sorg og jammer; at udslukke fysisk og mental lidelse; at praktisere sandhedens vej; at opnå direkte erfaring af den endelige sandhed, *nibbāna*."[64] Derefter bliver det kort forklaret hvordan man opnår disse mål: "Her er en mediterende energisk med en grundig forståelse og klar bevidsthed, han iagttager krop i krop, iagttager kropsfornemmelser i kropsfornemmelser, iagttager sind i sind, iagttager sindets indhold i sindets indhold, han har forladt begær efter verden og modvilje mod verden."[65] Hvad menes der med "iagttager kroppen i kroppen, kropsfornemmelser i kropsfornemmelser" osv.? For en Vipassana-mediterende er betydningen lysende klar. Krop, kropsfornemmelser, sind og sindets indhold er et menneskes fire dimensioner. For at forstå det menneskelige fænomen korrekt, må hver af os erfare virkeligheden om os selv direkte. Denne direkte erfaring opnår man ved at udvikle to egenskaber: bevidsthed (**sati**) og klar forståelse (**sampajañña**). Foredraget hedder "At blive forankret i bevidsthed", men bevidsthed er ufuldstændig uden forståelse, uden dybdegående indsigt i ens egen natur, i ubestandigheden af det fænomen som man kalder "jeg". At praktisere *satipaṭṭhāna* får den mediterende til at indse sin grundlæggende flygtige natur. For den der selv har oplevet dette, er bevidstheden fast forankret – ret bevidsthed som fører til befrielse. Herefter forsvinder begær og modvilje af sig selv, ikke bare i forhold til den ydre verden, men også i forhold til den indre verden. Her hvor begær og modvilje har de dybeste rødder og også ofte er mest oversete på grund af en refleksmæssig, instinktiv bundethed til vores egen krop og sind. Så længe at denne underliggende bundethed fortsætter, kan man ikke blive befriet fra lidelse.

I foredraget om at blive forankret i bevidsthed, bliver iagttagelse af kroppen diskuteret som det første. Dette er det mest åbenlyse aspekt af den mental-fysiske struktur, og er dermed et passende udgangspunkt for selviagttagelse. Iagttagelse af kropsfornemmelserne, sindet og sindets indhold, udvikler sig naturligt derfra. Foredraget forklarer adskillige måder at begynde at iagttage kroppen på. Den første og mest almindelige, er at blive bevidst om åndedrættet. En anden måde at begynde på er at være opmærksom på kroppens bevægelser. Men uanset hvordan man begynder rejsen, er der visse stationer som man skal passere på vejen til slutmålet. Disse stationer beskrives i et afsnit af afgørende betydning:

"På denne måde lever han; han iagttager kroppen i kroppen indeni eller udenpå, eller både indeni og udenpå. Han iagttager fænomenet 'opståen' i kroppen. Han iagttager fænomenet 'forgåen' i kroppen. Han iagttager fænomenet 'opståen og forgåen' i kroppen. Nu kommer denne bevidsthed til ham: "Dette er krop". Denne bevidsthed udvikles til sådan en grad at det kun er forståelse og iagttagelse der er tilbage, og han lever ubundet, uden at klynge sig til noget som helst i denne verden."[66]

Den store betydning som denne passage har, ses i kraft af at den ikke blot gentages i slutningen af hvert afsnit om iagttagelse af kroppen, men også i de efterfølgende afsnit af foredraget som omhandler iagttagelse af kropsfornemmelser, sind og sindets indhold. (I disse tre senere afsnit erstattes ordet "krop" med hhv. "kropsfornemmelser", "sind" og "sindets indhold".) Passagen beskriver således et fælles grundlag for at praktisere *satipaṭṭhāna*. Afsnittet kan repræsentere nogle fortolkningsmæssige udfordringer og har været fortolket på vidt forskellige måder. Men udfordringerne med at fortolke passagen ophører hvis den forstås som en hentydning til at iagttage kropsfornemmelserne. Mediterende der praktiserer *satipaṭṭhāna* må nå til en klar og fuldkommen indsigt om deres egen natur. Midlet til at opnå denne gennemtrængende indsigt er at iagttage kropsfornemmelserne. At iagttage kropsfornemmelserne indebærer nemlig også at man iagttager de tre andre dimensioner af det menneskelige fænomen. Selvom de første skridt altså kan variere, må ens praksis involvere iagttagelse af kropsfornemmelserne når man når forbi et vist punkt.

Passagen forklarer at de mediterende begynder med at iagttage kropsfornemmelser der opstår inde i kroppen eller på kroppens overflade, eller begge dele samtidigt. Det betyder at man går fra at være bevidst om kropsfornemmelser i visse dele af kroppen, men ikke i andre, til lige så stille at udvikle evnen til at mærke fornemmelser i hele kroppen. Når de begynder at praktisere, vil de måske til en start opleve intense kropsfornemmelser, som opstår og lader til at vare ved i noget tid. De mediterende er bevidste om at de er opstået, og at de efter noget tid forgår. På dette stadie oplever man stadig kroppen og sindets sammenholdte og tilsyneladende faste og vedvarende natur. Men efterhånden som man fortsætter med at praktisere, når man til et stadie hvor soliditeten opløser sig spontant, og sind og krop opleves i deres sande natur som en masse af vibrationer, der opstår og forgår hvert eneste øjeblik. Med denne oplevelse forstår man nu endelig hvad krop, kropsfornemmelser, sind og sindets indhold virkelig er: en strøm af upersonlige og konstant foranderlige fænomener.

Denne direkte erfaring af kroppen og sindets ultimative virkelighed, knuser med tiden ens illusioner, fejlopfattelser og forudfattede antagelser. Selv korrekte opfattelser som havde været accepteret ud af tillid eller intellektuel forståelse får en ny betydning når dette opleves. Ved at iagttage virkeligheden indeni, forsvinder alle de betingninger som forvrænger vores virkelighedsopfattelse lige så stille. Kun ren bevidsthed og visdom bliver tilbage.

Efterhånden som uvidenheden forsvinder, forsvinder de underliggende tendenser til begær og modvilje, og den mediterende bliver fri fra alle tilknytninger, også den dybeste indre tilknytning til ens krop og sind. Når denne tilknytning ophører, udslukkes lidelsen og man er befriet.

Buddha sagde ofte: "Alt man mærker, er relateret til lidelse."[67] Derfor er *vedanā* et ideelt værktøj til at udforske sandheden om lidelse. Ubehagelige kropsfornemmelser er lidelse på en meget åbenlys måde, men selv de mest behagelige kropsfornemmelser er en meget subtil form for uro. Hver eneste kropsfornemmelse er ubestandig. Hvis man klamrer sig til en behagelig fornemmelse, vil man lide når den forsvinder. Således indeholder alle kropsfornemmelser et frø af lidelse. Når Buddha talte om den vej der fører til lidelsens ophør, talte han derfor om den vej som fører til at *vedanā* opstår, og den vej som fører til at *vedanā* ophører.[68] Så længe at man forbliver i den betingede verden af sind og materie, vil der findes kropsfornemmelser og lidelse. De ophører kun når man går bagom denne verden og oplever den ultimative sandhed, *nibbāna*.

Buddha sagde:

En person praktiserer ikke Dhamma i sit liv
blot fordi han taler meget om det.
Men en person der ikke har hørt ret meget om naturloven,
men alligevel ser den i sin egen krop,
en sådan person lever i sandhed i linje med naturloven
og kan aldrig glemme Dhammaen.[69]

Vores egne kroppe bevidner sandheden. Når mediterende opdager sandheden indeni, bliver den virkelig for dem, og de lever i linje med den. Vi kan hver især opleve denne sandhed ved at lære at iagttage kropsfornemmelserne inde i os selv. Og ved at gøre det, kan vi blive fri fra al lidelse.

Bilag B

AFSNIT OM VEDANĀ FRA FORSKELLIGE SUTTAER

I sine foredrag understregede Buddha ofte vigtigheden af opmærksomhed på kropsfornemmelserne. Her er et lille udvalg af afsnit der omhandler dette emne.

Der blæser mange forskellige vinde under himlen, fra øst og vest, fra nord og syd, fulde af støv eller uden støv, kolde eller varme, rasende storme eller milde briser – der blæser mange forskellige vinde. På samme måde opstår der i kroppen forskellige kropsfornemmelser – behagelige, ubehagelige og neutrale. Når en mediterende praktiserer energisk og ikke forsømmer sin evne til klar indsigt (*sampajañña*), så vil sådan et vist menneske forstå kropsfornemmelserne fuldstændigt. Når han har forstået dem fuldstændigt, vil han blive fri fra alle urenheder i dette liv. Et sådant menneske, som er fast forankret i Dhamma og har en perfekt forståelse af kropsfornemmelserne, vil ved livets ende, nå den ubeskrivelige tilstand bagom den betingede verden.

- S. XXXVI (II). ii. 12 (2), *Paṭhama Ākāsa Sutta*

Og hvordan får den mediterende etableret sig i at iagttage kroppen i kroppen? Det gør han ved at gå ud i en skov, til roden af et træ eller til et afsides sted. Der sætter han sig i skrædderstilling med ret ryg, og fokuserer sin opmærksomhed på området omkring munden. Med bevidsthed ånder han ind, med bevidsthed ånder han ud. Når han indånder et langt åndedrag, ved han: "Jeg indånder et langt åndedrag". Når han udånder et langt åndedrag, ved han: "Jeg udånder et langt åndedrag." Når han indånder et kort åndedrag, ved han: "Jeg indånder et kort åndedrag." Når han udånder et kort åndedrag, ved han: "Jeg udånder et kort åndedrag." "Jeg mærker hele kroppen mens jeg ånder ind"; således øver han sig. "Jeg mærker hele kroppen mens jeg ånder ud"; således øver han sig. "Med kroppens aktiviteter i ro, ånder jeg ind"; således øver han sig. "Med kroppens aktiviteter i ro, ånder jeg ud"; således øver han sig.

- D. 22/M. 10, *Satipaṭṭhāna Sutta, Ānāpāna/pabbaṃ*

Når en kropsfornemmelse opstår i den mediterende, behagelig, ubehagelig eller neutral, forstår han: "Der er opstået en behagelig, ubehagelig eller neutral kropsfornemmelse i mig. Den har et fundament, den er ikke uden et fundament. Hvad er dens fundament? Selve denne krop." Således iagttager han konstant kropsfornemmelsernes ubestandige natur i kroppen.

- S. XXXVI (II). 7, *Paṭhama Gelañña Sutta*

Den mediterende forstår, "Der er opstået denne behagelige, ubehagelige eller neutrale oplevelser i mig. Den er sammensat, grov i sin natur og er led i en årsagskæde. Men det der virkelig eksisterer, det der er mest storslået, det er sindsligevægt." Uanset om behagelig oplevelse opstår i ham, eller en ubehagelig eller en neutral, vil de ophøre, men sindsligevægten forbliver.

- M.152, *Indriya Bhāvanā Sutta*

Der findes tre typer kropsfornemmelser: Behagelige, ubehagelige og neutrale. Alle tre er ubestandige, sammensatte led i en årsagskæde, de forgår, aftager, ophører. Når følgeren af den ædle vej, som er blevet godt vejledt, ser dette, udvikler han sindsligevægt med behagelige, ubehagelige og neutrale kropsfornemmelser. Ved at udvikle sindsligevægt bliver han ubundet og frigjort; ved at udvikle ubundethed, bliver han befriet.

- M. 74, Dīghanakha Sutta

Hvis en mediterende uafbrudt iagttager ubestandigheden af behagelige kropsfornemmelser i kroppen, deres forfald, aftagen og ophør, og også iagttager hvordan han holder op med at holde fast i disse kropsfornemmelser, så vil hans latente betingning af begær efter sådanne kropsfornemmelser rives op med roden. Hvis han uafbrudt iagttager ubestandigheden af ubehagelige kropsfornemmelser i kroppen, vil hans latente betingning af modvilje mod ubehagelige kropsfornemmelser i kroppen rives op med roden.

Hvis han uafbrudt iagttager ubestandigheden af neutrale kropsfornemmelser i kroppen, vil hans latente betingning af uvidenhed om neutrale kropsfornemmelser i kroppen rives op med roden.

- S. XXXVI (II). i. 7, *Paṭhama Gelañña Sutta*

Når hans latente betingninger af begær efter behagelige kropsfornemmelser, af modvilje mod ubehagelige kropsfornemmelser og af uvidenhed om neutrale kropsfornemmelser er revet op med roden, kaldes den mediterende et menneske som er fuldstændig fri fra latente betingninger, en som har set sandheden, som har elimineret al begær og modvilje, som er blevet fri fra alt slaveri, som fuldstændig har forstået jegets illusoriske natur, som har gjort det forbi med al lidelse.

S. XXXVI (II). I 7, *Pahāna Sutta*

At se virkeligheden som den er, bliver for ham ret forståelse. Tanker om virkeligheden som den er, bliver ret tanke. Indsatsen for at være med virkeligheden som den, bliver ret indsats. Bevidsthed om virkeligheden som den er, bliver ret bevidsthed. Koncentration på virkeligheden som den er, bliver ret koncentration. Hans kropslige handlinger, tale og levevej bliver virkelig rene. Således udvikles den ædle ottefoldige vej inde i ham mod fuldbyrdelse.

- M. 149, *Mahā-Saḷāyatanika Sutta*

Den som troligt følger den ædle vej, gør sig bestræbelser, og ved at være vedholdende i sine bestræbelser, bliver han opmærksom, og ved at være opmærksom bliver han koncentreret, og ved at opretholde sin koncentration udvikler han ret forståelse, og gennem ret forståelse får han ægte tillid; han ved med sikkerhed: "De sandheder som jeg før kun havde hørt om, har jeg nu oplevet direkte i kroppen, og jeg iagttager dem med dyb indsigt."

- S. XLVII (IV). V. 10 (50), *Āpana Sutta* (sagt af Sariputta, Buddhas ledende discipel)

ORDLISTE MED UDTRYK PÅ PĀLI

Denne liste indeholder de udtryk som forekommer i teksten såvel som andre udtryk som er centrale i Buddhas lære.

ānāpāna. Åndedræt. **Ānāpāna sati** – bevidsthed om åndedrættet.

anattā. Ikke selv, jeg-løshed, uden kerne, uden indhold. En af de tre grundlæggende egenskaber, som sammen med **anicca** og **dukkha** kendetegner alle fænomener.

anicca. Ubestandighed, flygtighed, forandring. En af de tre grundlæggende egenskaber, der sammen med **anattā** og **dukkha** kendetegner alle fænomener.

anusaya. Det ubevidste sind; latent, underliggende betingning; sovende mentale urenheder (også **anusaya-kilesa**)

arahant/arahat. Et befriet menneske. En person der har gjort sig fri fra alle urenheder.

ariya. Ædel; helligt menneske. En person der har renset sindet til en sådan grad at han eller hun har oplevet den endelige sandhed (**nibbanā**).

ariya aṭṭhaṅgika magga. Den ædle ottefoldige vej som leder til befrielse fra lidelse. Den er inddelt i de tre følgende øvelser:

- **Sīla**, moral, renhed i fysisk handling og tale;
  sammā vācā, ret tale,
  sammā kammanta, ret handling,
  sammā ājīva, ret levevej
- **Samādhi**, koncentration, at beherske sit sind
  sammā vāyāma, ret indsats
  samma sati, ret bevidsthed
  samma samādhi, ret koncentration

- **pañña**, visdom, indsigt som renser sindet fuldstændigt
  sammā saṅkappa, ret tanke
  sammā-diṭṭhi, ret forståelse.

bhaṇgha. Opløsning. Et vigtigt stadie i Vipassana. Oplevelsen af at kroppens umiddelbare fasthed opløses i subtile vibrationer som konstant opstår og forgår.

bhāvanā. Mental udvikling, meditation. **Bhāvanā** består af to dele: At udvikle stilhed og ro (**samatha bhāvanā**), hvilket svarer til at koncentrere sindet (**samādhi**), og at udvikle indsigt (**Vipassana bhāvanā**), hvilket svarer til visdom (**pañña**).

bhikkhu. (Buddhistisk) munk; mediterende. Feminin form: **bhikkhuṇī** – nonne.

Buddha. Oplyst menneske. En person der har opdaget vejen til befrielse, har praktiseret den og har nået det endelige mål gennem sine egne bestræbelser.

cintā mayā pañña. Intellektuel visdom. Se **pañña.**

citta. Sind. **Cittānupassanā** – iagttagelse af sindet. Se **sati-paṭṭhāna.**

dhamma. Fænomen; det som opstår i sindet; natur; naturloven; befrielsens lov, dvs. hvad et oplyst menneske underviser i. **Dhammānupassanā** – iagttagelse af sindets indhold. Se **sati-paṭṭhāna** (Sanskrit **dharma.**)

dukkha. Lidelse, utilfredsstillelse. En af de tre grundlæggende egenskaber ved alle fænomener, sammen med **anatta og anicca.**

Gotama. Den historiske Buddhas efternavn. (Sanskrit: **Gautama.**)

Hīnayāna. Ordret "det lille køretøj". Udtryk som andre buddhistiske skoler bruger om **Theravāda** buddhismen. Nedsættende betydning.

jhāna. Tilstand af mental absorption eller trance. Der er otte sådanne stadier, som kan opnås ved at praktisere **samādhi** eller **samatha-bhāvana.** At udvikle disse stadier giver stilhed og lyksagelighed, men det fjerner ikke de mest dybt-rodede mentale urenheder.

kalāpa. Materiens mindste udelelige enhed.

kamma. Handling, mere specifikt, en handling som man selv udøver, og som vil have en effekt på ens fremtid. (Sanskrit **karma**).

kāya. Krop. **Kāyanupassanā** – iagttagelse af kroppen. Se **satipaṭṭhāna**.

Mahāyāna. Ordret, "det store køretøj". Den form for buddhisme som udviklede sig i Indien et par århundreder efter Buddha og som spredte sig mod nord til Tibet, Mongoliet, Kina, Vietnam, Korea og Japan.

mettā. Kærlig omtanke og velvilje. En af de egenskaber som kendetegner et rent sind. **Mettā-bhāvana** – systematisk at udvikle **mettā** gennem meditation.

nibbāna. Udslukning; frihed fra lidelse; den endelige sandhed; det ubetingede. (Sanskit: **nirvāṇa**.)

Pāli. Linje; tekst; de tekster som bevarer Buddhas lære; også det sprog som disse tekster er skrevet på. Historiske, lingvistiske og arkæologiske beviser indikerer at Pāli var det sprog som blev talt i det nordlige Indien på Buddhas tid, eller nogenlunde omkring den tid. Senere tekster blev oversat til Sanskrit, som udelukkende var et skriftsprog.

paññā. Visdom. Den tredje af de tre øvelser som tilsammen udgør den ædle ottefoldige vej (se **ariya aṭṭhaṅgika magga**). Der findes tre former for visdom: **suta-mayā paññā** – ordret: visdom som man får ved at lytte til andre; dvs. formidlet visdom, **cinta-mayā paññā** – visdom som man får gennem intellektuel analyse; og **bhāvanā-mayā paññā** – visdom som man udvikler gennem direkte, personlig erfaring. Af disse tre er det kun den sidste der kan rense sindet fuldstændigt; denne udvikles ved træning gennem **Vipassanā-bhāvanā**.

paṭicca sammuppāda. Kæden af betinget opståen; årsagsbetinget tilblivelse. Den proces som starter med uvidenhed og gør at man bliver ved med at skabe lidelsesfulde liv for sig selv igen og igen.

samādhi. Koncentration, beherskelse af sindet. Den anden af de tre øvelser i den ædle ottefoldige vej (se **ariya aṭṭhaṅgika**

magga). Når man udvikler **samādhi** som et mål i sig selv, opnår man forskellige stadier af mental absorption, (**jhāna**), men ikke fuldstændig befrielse af sindet.

samma sāti. Ret bevidsthed. Se **sati.**

sampajañña. At forstå mennesket som fænomen, dvs. indsigt i menneskets ubestandige natur gennem kropsfornemmelserne.

saṃsara. Cyklus af genfødsel; betinget verden; en verden af lidelse.

saṅgha. Forsamling; fællesskab af **ariyas,** dvs. dem der har oplevet **nibbāna;** fællesskab af buddhistiske munke eller nonner; et medlem af **ariya-saṅghaen, bhikkhu-saṅghaen** eller **bhikkuṇī-saṅghaen.**

saṅkhāra. Noget som skabes (mentalt); viljesstyret aktivitet; mental reaktion; mental betingning. Et af de fire aggregater eller processer i sindet, sammen med **viññaṇa, sañña** og **vedanā.** (Sanskrit **samskāra.**)

saṅkhāra-upekkhā / saṅkhārupekkhā. Ordret, "sindsligevægt i forhold til **saṅkhāras**". Et skridt i Vipassana-praksissen som følger efter oplevelsen af **bhāṅga,** hvor gamle urenheder som ligger latent i det ubevidste kommer op til sindets overflade og manifesterer sig som fysiske kropsfornemmelser. Ved at bevare sindsligevægten (**upekkhā**) med disse kropsfornemmelser, skaber den mediterende ikke nogen nye **saṅkhāras,** og giver de gamle mulighed for at forsvinde. Således fører processen gradvist til at alle **saṅkhāras** rives op med roden.

sañña. Forståelse, vurdering. En af de fire mentale aggregater sammen med **vedanā, viññaṇa** og **saṅkhāra. Sañña** er betinget af gamle **saṅkhāras,** og giver derfor et forvrænget billede af virkeligheden. Gennem træning i Vipassana meditation, ændres **sañña** til **pañña,** forståelsen af virkeligheden som den er. Den bliver til **anicca-sañña, dukkha sañña, anatta sañña** og **asubhasañña,** dvs. forståelse af ubestandighed, lidelse, jegløshed og skønhedens illusoriske natur.

sati. Bevidsthed. **Ānapānā sati** – bevidsthed om åndedrættet. **Sammā sati** – ret bevidsthed, en del af den ædle ottefoldige vej (se **ariya aṭṭhaṅgika magga**).

sati-paṭṭhāna. At blive forankret i bevidsthed. Der er fire aspekter af **sati-paṭṭhāna,** som alle er forbundne: (1) iagttagelse af kroppen (**kāyānupassanā**); (2) iagttagelse af kropsfornemmelserne (**vedanānupassanā**); (3) iagttagelse af sindet (**cittānupassanā**); (4) iagttagelse af sindets indhold; (**dhammānupassanā**). Alle fire er til stede når man iagttager kropsfornemmelserne eftersom kropsfornemmelser hænger tæt sammen med både krop og sind.

Siddhattha. Ordret, "en der har udført sin opgave." Buddhas fornavn. (Sanskrit **Siddhārta**)

sīla. Moral, at afstå fra handlinger og tale der kan skade andre og en selv. Den første af de tre øvelser, som den ædle ottefoldige vej består af. (Se **ariya aṭṭhaṅgika magga**).

suta-mayā paññā. Hørt visdom. Se **paññā.**

Sutta. Foredrag af Buddha eller en af hans øverste disciple.

taṇhā. Ordret: "tørst". Omfatter både begær, og begærets anden side, modvilje. I sit første foredrag "Foredraget om igangsættelsen af Dhamma-hjulet" (**Dhamma-cakkappavattana Sutta**), identificerede Buddha **taṇhā** som årsagen til lidelse. I kæden af betinget opståen, forklarede han at **taṇhā** opstår som en reaktion på kropsfornemmelser. (se kapitel 4).

Theravāda. Ordret, "de ældres lære". Buddhas lære, i den form som de er blevet bevaret i, i Sydøstasien (Myanmar, Sri Lanka, Thailand, Laos, Cambodia). Anses generelt for at være den tidligste bevarede form af Buddhas lære.

Tipiṭika. Ordret, "de tre kurve". De tre samlinger af Buddhas lære, dvs.: (1) **Vinaya-piṭika** - de samlede disciplinregler for munke og nonner; (2) **Sutta-piṭika** - de samlede foredrag; (3) **Abhidhamma-piṭika** – de samlede tekster om den højere lære, dvs. systematiske, filosofiske udlægninger og tolkninger af Dhamma. (Sanskrit **Tripiṭaka**).

vedanā. Kropsfornemmelser. Et af de fire mentale aggregater eller processer, sammen med **viññaṇa, sañña** og **saṅkhāra. Vedanā** har ifølge Buddha både mentale og fysiske aspekter; derfor udgør **vedanā** et værktøj til at undersøge hele kroppen og hele sindet. I kæden af betinget opståen forklarer Buddha at **taṇhā,** årsagen til lidelse, opstår som en reaktion på **vedanā** (se kapitel 4). Ved at lære at iagttage **vedanā** objektivt, kan man undgå nye reaktioner af begær og modvilje, og opleve ubestandigheden (**anicca**) som en realitet direkte inde i sig selv. Denne oplevelse er essentiel for at man kan holde op med at klamre sig fast og fører til befrielse af sindet. **Vedanānupassanā** – iagttagelse af kropsfornemmelserne i kroppen. Se **sati-paṭṭhāna.**

viññaṇa. Bevidsthed, opfattelse. Et af de fire mentale aggregater eller processer, sammen med **sañña, vedanā** og **saṅkhāra.**

vipassanā. Introspektion, indsigt der renser sindet fuldstændigt. Mere specifikt, indsigt i sindets og kroppens ubestandige natur. **Vipassanā-bhāvanā** – den systematiske udvikling af indsigt gennem den meditationsteknik hvor man iagttager virkeligheden om sig selv ved at iagttage kropsfornemmelserne i kroppen.

yathā-bhūta. Ordret, "som det er". Virkelighed.

yathā-bhūta-ñaṇa-dassana. Visdom der kommer af at se sandheden som den er.

FODNOTER

Alle citater er fra *Sutta Piṭaka,* de samlede foredrag i Pāli-kanonen. De pāli-tekster som nævnes herunder, er blevet udgivet på devanāgarī-skrift af Nava Nalandā Mahāvihāra, Bihar, Indien. De engelske oversættelser som jeg har lænet mig op ad, er især oversættelser fra Pāli Text Society of London, såvel som oversættelser der er udgivet af Buddhist Publication Society of Sri Lanka. Jeg har i særdeleshed fundet de antologier som er redigeret af Ven. Ñānatiloka, Ñanamoli og Piyadassi værdifulde. Jeg står i stor taknemmelighedsgæld til både dem og andre oversættere af Pāli-kanonen i nyere tid.

Den nummerering af suttaerne som er brugt i fodnoterne, er den samme som der bliver brugt i den engelske oversættelse som er udgivet af Pāli Text Society. Generelt set, er suttaernes titler ikke blevet oversat.

Der er brugt følgende forkortelser:

A – *Aṅguttara Nikāya*
D – *Dīgha Nikāya*
M – *Majjhima Nikāya*
S – *Samyutta Nikāya*
Satip – *Satipaṭṭhana Sutta* (D.22, M. 10)

Kapitel 1 / Søgen

1. S. XLIV. X. 2, *Anurādha Sutta*
2. A III. Vii. 65, *Kesamutti Sutta (Kālāma Sutta), iii, ix.*
3. D. 16, *Mahā-Parinibbāna Suttanta.*
4. Ibid.
5. S. XXII. 87 (5), *Vakkali Sutta.*
6. *Mahā-Parinibbāna Suttanta.*
7. A. IV. v. 5 (45), *Rohitassa Sutta.* Findes også i S. II. iii. 6.
8. *Dhammapada,* I. 19 & 20.
9. Baseret på M. 107, *Ganaka-Mogallāna Sutta.*

Kapitel 2 / Begyndelsen

10. *Saṇkhāra* er et af de vigtigste begreber i Buddhas lære, og et af de sværeste at udtrykke på engelsk. Ordet har også forskellige betydninger, og det vil måske ikke altid være åbenlyst hvilken betydning der henvises til i en given kontekst. Her bruges *saṇkhāra* i samme betydning som *cetanā/sañcetanā,* som betyder vilje, hensigt, intention. For denne fortolkning, se A. IV.xviii. 1 (171), *Cetanā Sutta*; S. XXII.57 (5), *Sattatthāna Sutta*; S.XII. iv. 38 (8), *Cetanā Sutta.*
11. M. 72, *Aggi-Vacchagotta Sutta.*

Kapitel 3 / Den egentlige årsag

12. M. 135, *Cūḷa Khamma Vibhaṇga Sutta.*
13. *Dhammapada,* XXV. 21 (380).
14. Ibid., I. 1 & 2
15. *Sutta Nipāta,* III. 12, *Dvayatānupassanā Sutta.*
16. S. LVI (XII), ii. 1, *Dhamma-cakkapacattana Sutta.*
17. A. III. xiii. 130, *Lekha Sutta.*
18. Baseret på A. I. xvii, *Eka Dhamma Pāli (2).*

Kapitel 4 / Problemets rod

19. S. LVI (XII). ii. 1, *Dhamma-cakkapacattana Sutta.*
20. Ibid.
21. M. 38, *Mahā-taṇhāsaṇkhaya Sutta.*
22. Ibid.
23. Ibid.
24. *Dhammapada,* XII. 9 (165)
25. *D.9, Poṭṭhapāda Suttanta.*
26. A. III. vii. 65, *Kesamutti Sutta (Kālāma Sutta), xvi.*
27. Baseret på S. XLII. viii. 6, *Asibandhakaputta Sutta.*

Kapitel 5 / Træning i moralsk adfærd

28. *Dhammapada, XIV. 5 (183).*
29. Ibid. I. 17 & 18.
30. M. 27, *Cūḷa-hatthi-padopama Sutta.*
31. Ibid.

Kapitel 6 / Træning i koncentration

32. A. IV. ii. 3 (13), *Padhāna Sutta.*

Kapitel 7 / Træningen i visdom

33. *Dhammapada, XXIV. 5 (183).*
34. D. 16, *Mahā-Parinibbāna Suttanta.*
35. *Dhammapada, XX. 4. (276).*
36. Se S. XLVI (II). vi. 2, *Pariyāya Sutta.*
37. S. XII. vii. 62 (2), *Dutiya Assutavā Sutta; også S. XXXVI (II). i. 10, Phassa Mūlaka Sutta.*
38. *Dhammapada,* XX. 5 (277).
39. S. XXXVI (II). i. 7, *Paṭhama Gelañña Sutta.*

Kapitel 8 / Bevidsthed og sindsligevægt

40. D. 16, *Mahā-Parinibbāna Suttanta.* Verset bliver sagt af Sakka, gudernes konge, efter Buddhas død. Det forekommer i en smule anderledes version andre steder. Se fx S. I. ii. 1, *Nandana Sutta; også S. IX. 6, Anuruddha Sutta.*
41. A. IX. ii. 10 (20), *Velāma Sutta.*
42. Den berømte simili med tømmerflåden er taget fra M. 22, *Alagaddūpama Sutta.*
43. Baseret på *Udāna,* I. x, Bāhiya Dārucīriyas historie. Findes også i *Dhammapada kommentarerne,* VII. 2 (vers 101).

Kapitel 9 / Målet

44. S. LVI (XII), ii. 1., *Dhamma-cakkappavattana Sutta.* Dette udtryk bruges til at beskrive den indsigt som Buddhas første elever fik da de første gang forstod Dhamma.
45. S. v. 7, *Upacālā Sutta.* Det er arahant-nonnen Upacālā der taler.
46. *Dhammapada, XXV. 13 (374).*
47. *Udāna, VIII.1.*
48. *Udāna, VIII. 3.*
49. S. LVI (XII). ii. 1, *Dhamma-cakkappavattana Sutta.*
50. S. XXXVIII (IV). 1, *Nibbāna Pañha Sutta.* Det er Sāriputta, Buddhas ledende discipel, der taler.
51. *Sutta Nipāta,* II. 4, *Mahā-Maṅgala Sutta.*
52. D.9., *Poṭṭhapāda Suttanta.*

Kapitel 10 / Kunsten at leve

53. *Dhammapada,* VIII. 14 (113).
54. S. XXII. 102 (10), *Anicca-sañña Sutta.*
55. D. 16, *Mahā-Parinibbāna Suttanta.*
56. M. 117, *Mahā-cattārīsaka Sutta.*
57. Ibid.

Bilag A / Vigtigheden af vedanā i Buddhas lære

58. A. VIII. ix. 3 (83), *Mūlaka Sutta.* Se også A. IX. ii. 4 (14), *Samiddhi Sutta.*
59. D.1.
60. A. III. vii. 61 (ix), *Titthāyatana Sutta.*
61. S. XXXVI (II). iii. 22 (2), *Aṭṭhasata Sutta.*
62. *Dhammapada,* XXI. 4 (293).
63. *Satipaṭṭhana Suttaen* forekommer to gange i *Sutta Piṭaka,* i D.22 og i M.10. Derfor plejer man at kalde teksten i D. for *Mahā Satipaṭṭhana Suttanta,* "den større". Men derudover er de to tekster faktisk identiske. De passager som er citerede i denne bog har samme ordlyd i begge tekster.
64. *Satip.*
65. Ibid.
66. Ibid.
67. S. XII. iv. 32n(2), *Kaḷāra Sutta.*
68. S. XXXVI (II). iii. 23 (3), *Aññatara Bhikkhu Sutta*
69. *Dhammapada,* XIX. 4 (259).

Vipassana-centre

Der afholdes løbende kurser i Vipassana meditation på over 200 centre i hele verden (år 2021) og på mange andre steder. På det nordiske Vipassana-center i Sverige, Dhamma Sobhana (Sandhedens skønhed), afholdes der kurser hver måned. Der afholdes tosprogede kurser på svensk/engelsk, men også kurser på de andre nordiske sprog, herunder to årlige kurser på dansk/engelsk. I Danmark afholdes der årligt et 10-dages kursus på et lejet sted (år 2021), og der afholdes også et årligt 3-dages kursus og månedlige 1-dages kurser for elever der allerede har gennemført et 10-dages kursus. Se hjemmesiden for mere information om Vipassana i Danmark eller skriv til info-adressen.

Vipassana Danmark
info@dk.dhamma.org

Nordens Vipassana Center
Dhamma Sobhana
Holmen 1
599 93 Ödeshög
Tlf: 0143-211 36
info@sobhana.dhamma.org
www.sobhana.dhamma.org

Dhamma Dipa
Harewood End, Herefordshire, HR2 8JS, England
Tlf: +44 (01989) 730 234
info@dipa.dhamma.org
www.dipa.dhamma.org

Dhamma Dvara
Alte Strasse 6, 08606 Triebel, Tyskland
Tlf: +49 (37434) 79770
info@dvara.dhamma.org
www.dvara.dhamma.org

Dhamma Mahi
'Le Bois Planté', Puoesme, 89350 Champignelles, Frankrike
Tlf: +33 (0386) 457 514
info@mahi.dhamma.org
www.mahi.dhamma.org

Dhamma Atala
Località Veriolo, Via Prov. le 12, Lutirano, 50034 Marradi (F), Italien
Tlf: +39 055 804818
info@atala.dhamma.org
www.atala.dhamma.org

Dhamma Neru
Apartado Postal 29, Santa Maria de Palautordera 08460 Barcelona, Spanien
Tlf: +34 (93) 848 2695
info@neru.dhamma.org
www.neru.dhamma.org

Dhamma Sacca
CL – 501 km 85,6 05480
Candeleda, Ávila, Spanien
Tlf: +34 695 900 531
info@es.dhamma.org
Error! Hyperlink reference not valid.

Dhamma Sumeru
No. 140, Ch-2610 Mont-Soleil, Schweitz
Tlf.: +41 (32) 941 1670
info@sumero.dhamma.org
www.sumeru.dhamma.org

Dhamma Pajjiota
Driepaal 3, 3650 Dilsen-Stokkem, Belgien
Tlf: +32 (089) 518 230
info@pajjiota.dhamma.rg
www.pajjiota.dhamma.org

Dhamma Pallava
Dziadowice 3a, 62-709 Malanów, Polen
Tlf: +48 504 340 425
info@pallava.dhamma.org

Dhamma Dullabha
Avsyunino village, Moscow region, Rusland
Tlf: +7 (985) 291-32-04
info@ru.dhamma.org
www.ru.dhamma.org

Dhamma Sukhakari
Walnut Tree Manor, Haughley Greeb, Stowmarket, Suffolk IP14 3 RQ, England
Tlf: +44 01449 833080
info@sukhakari.dhamma.org
www.uk.dhamma.org

Dhamma Padhana
Registered office: Dhamma Dipa, Pencoyd, St Owens Corss, Hereford HR2 8NG, England
Tlf: +44 01989 730234
info@padhana.dhamma.org
www.padhana.dhamma.org

OM PARIYATTI

Pariyattis mission er at gøre Buddhas undervisning i Dhamma-teori (*pariyatti*) og praksis (*paṭipatti*) tilgængelig til rimelige priser. Pariyatti blev grundlagt i 2002 og er en velgørende organisation som holdes kørende ved hjælp af bidrag fra folk som værdsætter og gerne vil dele den uvurderlige undervisning i Dhamma. På www.pariyatti.org kan du læse mere om vores programmer, om det vi tilbyder og måder hvorpå det er muligt at støtte vores udgivelser og andre foretagener.

Pariyatti Publishing udgiver:
Vipassana Research Publications (fokuserer på Vipassana som undervist i af S.N. Goena i Sayagyi U Ba Khins tradition)

BPS Pariyatti Editions (udvalgte titler fra Buddhist Publication Society, co-udgivet af Pariyatti)

MPA Pariyatti Editions (udvalgte titler fra Myanmar Pitaka Association, co-udgivet af Pariyatti)

Pariyatti Digital Editions (audio- og videotitler, inklusive foredrag)

Pariyatti Press (genoptryk af klassiske titler og inspirerende titler af nutidige forfattere)

Pariyatti beriger verden ved:

- at udbrede Buddhas ord
- at give næring til den søgendes rejse
- at belyse den mediterendes vej

www.ingramcontent.com/pod-product-compliance
Lightning Source LLC
LaVergne TN
LVHW090946080826
845145LV00003B/911